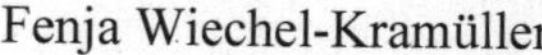

Fenja Wiechel-Kramüller

Das Prinzip Wirtschaftsverantwortung. Der wirtschaftsphilosophische Diskurs zwischen Adolph Lowe und Hans Jonas

Reihe Wirtschaftsphilosophie

Herausgegeben von Birger P. Priddat, Andreas Lingg und Sören Schuster

Band 13

Bislang erschienen:

12 Jean Müßgens (Hg.): **Revision der Ökonomie.** Entwurf einer Transaktionsphilosophie

11 Kurt Röttgers: **Monetäre Textualität**

10 Matthias Kettner, Birger P. Priddat (Hg.): **Ökonomische Rationalität zwischen Ideal und Illusion**

9 Wolf Dieter Enkelmann, Birger P. Priddat: **Fortschritt und Aberglaube.** Beiträge zur Philosophie der Ökonomie

8 Wolf Dieter Enkelmann und Birger P. Priddat: **Genie und Routine.** Beiträge zur Philosophie des Unternehmens

7 Georg N. Schäfer, Sören E. Schuster (Hg.): **Auf philosophischer Expedition.** Interdisziplinäre Zugänge zur Ökonomie

6 Wolf Dieter Enkelmann, Daniel Kratz (Hg.): **Denken handelt.** Philosophie für Manager

5 Birger P. Priddat, Verena Rauen (Hg.): **Die Welt kostet Zeit.** Zeit der Ökonomie – Ökonomie der Zeit

4 Birger P. Priddat: **Erwartung, Prognose, Fiktion, Narration.** Zur Epistemologie des Futurs in der Ökonomie

3.3 Wolf Dieter Enkelmann, Birger P. Priddat (Hg.): **Was ist? Wirtschaftsphilosophische Erkundungen.** Definitionen, Ansätze, Methoden, Erkenntnisse, Wirkungen

3.2 Wolf Dieter Enkelmann, Birger P. Priddat (Hg.): **Was ist? Wirtschaftsphilosophische Erkundungen.** Definitionen, Ansätze, Methoden, Erkenntnisse, Wirkungen

3.1 Wolf Dieter Enkelmann, Birger P. Priddat (Hg.): **Was ist? Wirtschaftsphilosophische Erkundungen.** Definitionen, Ansätze, Methoden, Erkenntnisse, Wirkungen

2 Julia Böllhoff, Nicole Wiedinger (Hg.): **Wir segeln in unerforschten Gewässern.** Debatten des Wirtschaftsphilosophischen Clubs München

1 Wolf Dieter Enkelmann: **Beginnen wir mit dem Unmöglichen.** Jacques Derrida, Ressourcen und der Ursprung der Ökonomie

Fenja Wiechel-Kramüller

DAS PRINZIP WIRTSCHAFTSVERANTWORTUNG.

DER WIRTSCHAFTSPHILOSOPHISCHE DISKURS ZWISCHEN ADOLPH LOWE UND HANS JONAS

Metropolis-Verlag
Marburg 2024

Bibliografische Information der Deutschen Nationalbibliothek

Die Deutsche Nationalbibliothek verzeichnet diese Publikation in der Deutschen Nationalbibliographie; detaillierte bibliographische Daten sind im Internet über: https://dnb.d-nb.de abrufbar.

Metropolis-Verlag für Ökonomie, Gesellschaft und Politik GmbH
https://www.metropolis-verlag.de

ISBN 978-3-7316-1562-0

Inhaltsverzeichnis

„The difficulty lies, not in the new ideas,
but in escaping from the old ones, which ramify,
for those brought up as most of us have been,
into every corner of our minds."[1]
(John Maynard Keynes 1936)

1. Einleitung

1.1 Im Zeitalter der „Polykrise"

Spätestens seit dem Weltwirtschaftsforum 2023 in Davos hat sich das Wort „Polykrise" zur Beschreibung unserer derzeitigen Situation, in der katastrophale Ereignisse nicht mehr nur aufeinanderfolgen, sondern zeitgleich auftreten und sich gegenseitig bedingen und verstärken, in unserem Wortschatz etabliert.[2] Finanzkrise, Corona-Pandemie, der Krieg in der Ukraine, der Hamas-Angriff auf Israel, Inflation, Lebensmittelmangel, die wachsende globale Ungleichheit und nicht zuletzt die seit mehr als fünfzig Jahren bekannte Klima- und Umweltkrise halten die Welt in Atem. Um das 2015 in Paris beschlossene Klimaschutzabkommen, die globale Erderwärmung auf deutlich unter zwei Grad, bestenfalls unter 1,5 Grad, gegenüber dem vorindustriellen Niveau zu begrenzen, noch zu erreichen, müssten die globalen Treibhausgasemissionen bis 2030 – das heißt in den nächsten sechs Jahren – halbiert und die erneuerbaren Energien verdreifacht werden. Ein Erreichen dieses Ziels ist nicht in Sicht. Stattdessen klafft eine tiefe Lücke zwischen den Vereinbarungen und den tatsächlich ergriffenen Maßnahmen der Unterzeichnerstaaten, und das Zeitfenster zum Abwenden

[1] Keynes, John Maynard (2018): *The General Theory of Employment, Interest and Money*. Cambridge, Cambridgeshire, UK: Palgrave Macmillan, S. vii.

[2] Vgl. Torkington, Simon (2023): *We're on the brink of a ‚polycrisis' – how worried should we be?* World Economic Forum, 13. January. Verfügbar unter: https://www.weforum.org/agenda/2023/01/polycrisis-global-risks-report-cost-of-living/ (Stand: 15. Mai 2023).

der kritischen Kipppunkte im Klimasystem wird von Jahr zu Jahr schmaler. Laut dem Weltklimarat entscheidet sich noch in diesem Jahrzehnt, wie viele Freiheiten und Möglichkeiten wir zukünftig noch haben werden.[3] Kurz gesagt, es bedrohen uns „Übel, die schlimmer sind als alle Mißlichkeiten, mit denen der Kapitalismus in der Vergangenheit zu ringen hatte“[4], und wenn wir unseren bisherigen Weg kritiklos fortführen, dann setzen wir uns weiteren Gefahren aus.[5] Dieses Zitat stammt allerdings nicht aus dem Jahr 2024, sondern aus dem 1988 erschienenen Werk *Has Freedom a Future?* (dt. *Hat Freiheit eine Zukunft?*) des deutschen, von den Nationalsozialisten vertriebenen Wirtschaftsphilosophen Adolph Lowe (*1893 †1995; gebürtig Adolf Löwe[6]). Während seine Analysen zu seinen Lebzeiten als „Kri-

[3] Seit 1991 haben wir mehr CO_2 in die Atmosphäre abgegeben als in der gesamten Menschheitsgeschichte davor. Laut den Schätzungen des IPCC wird die globale Erwärmung 2100 etwa 3,2 Grad betragen. Vgl. Deutsche IPCC-Koordinierungsstelle/DLR Projektträger (2023): *Synthesebericht zum Sechsten IPCC-Sachstandsbericht (AR6). Hauptaussagen aus der Zusammenfassung für die politische Entscheidungsfindung (SPM).* Version vom 20. März 2023. Verfügbar unter: https://www.de-ipcc.de/media/content/Hauptaussagen_AR6-SYR.pdf (Stand: 15. Mai 2023); Die Bundesregierung (2023): *EEG 2023: Ausbau erneuerbarer Energien massiv beschleunigen.* In: Energie und Klimaschutz. 1. März 2023. Verfügbar unter: https://www.bundesregierung.de/breg-de/themen/klimaschutz/novelle-eeg-gesetz-2023-2023972 (Stand: 15. Mai 2023); Thunberg, Greta (2022): *Das Klimabuch.* Aus dem Englischen von Michael Bischoff und Ulrike Bischoff. Deutsche Erstausgabe. Frankfurt am Main: S. Fischer Verlag, S. II f.

[4] Lowe, Adolph (1990): *Hat Freiheit eine Zukunft?* Übersetzt nach der Praeger-Publishers-Ausgabe von *Has Freedom a Future?* von Adolph Lowe, 1988 als Band 9 der Reihe *Convergence* veröffentlicht in den USA. Marburg: Metropolis-Verlag, S. 56.

[5] Vgl. Schefold, Bertram (1989): Die Selbstzerstörung der Gesellschaft aufhalten. Der Ökonom Adolph Lowe zieht Bilanz und analysiert die Gegenwart. In: *Die Zeit*, Nr. 6 (3. Februar). Verfügbar unter: https://www.zeit.de/1989/06/die-selbst zerstoerung-der-gesellschaft-aufhalten (Stand: 15. Mai 2023).

[6] Bis zu seiner Naturalisierung in Großbritannien am 2. September 1939 hieß er Adolf Löwe. Im Gespräch mit Mathias Greffrath berichtet er: „Der 2. September war der zweite Kriegstag. Als ich das Dokument bekam, entdeckte ich, daß unser Name falsch geschrieben war. Offenbar hatte das Tippmädchen im Home Office keinen Umlaut auf ihrer Maschine und hatte einfach ‚Lowe‘ geschrieben. Auf einem beigefügten Zettel stand: ‚Wenn irgend etwas [sic] nicht stimmen sollte, schicken Sie die Dokumente bitte wieder zurück.‘ Worauf ich die denkwürdigen

senprophetie"[7] abgetan wurden, sind sie heute von erschreckender Aktualität.

1.2 Zum Werk Adolph Lowes

Adolf Löwe gehörte in den 1920er Jahren zu den einflussreichsten Ökonomen Deutschlands.[8] Wie diese Arbeit aufzeigt, beschäftigte ihn zeitlebens der schmale Grat zwischen individueller Freiheit und gesellschaftlicher Stabilität. Die Fragestellung, was die ökonomischen Bedingungen einer stabilen Demokratie und einer freien Gesellschaft sind, durchzieht seine Schriften wie ein roter Faden. Der Erste, der Lowe als „Wirtschaftsphilosophen" bezeichnete, war der Wirtschaftswissenschaftler Kenneth E. Boulding. In seiner Rezension zu Lowes 1965 erschienenen Hauptwerk *On Economic Knowledge. Towards a Science of Political Economics* (dt. *Politische Ökonomik*)[9] heißt es:

Worte sprach: ‚Und wenn sie uns auf den Namen Chamberlain naturalisiert hätten, würde ich heute das Dokument nicht aus der Hand geben.' Das ist der Grund unserer Namensänderung." Greffrath, Mathias (1989): Die Hoffnung auf kleine Katastrophen. Gespräch mit Adolph Lowe. In: *Die Zerstörung der Zukunft. Gespräche mit emigrierten Sozialwissenschaftlern.* Hrsg. v. ders. Ersterscheinung: 1979. New York: Campus Verlag, S. 138. Die zusätzliche Änderung des Vornamens erklärt sich von selbst. Vgl. Schefold, Bertram (1998a): Nachruf auf Adolph Lowe. In: *Sitzungsberichte der wissenschaftlichen Gesellschaft an der Johann-Wolfgang-Goethe-Universität Frankfurt am Main.* Band XXXVI. Nr. 1. Stuttgart: Franz Steiner Verlag, S. 367. In dieser Arbeit wird die deutsche Schreibweise nur in der biographischen Einleitung verwendet.

[7] Zinn, Karl (1986): Adolph Lowe – Theoretiker des organisierten Kapitalismus. In: *Wirtschaft und Gesellschaft.* 19. Jahrgang, Heft 1, S. 109.

[8] Vgl. z. B. ebd., S. 107.

[9] Die deutsche Ausgabe erschien 1968. Im Folgenden wird aus der deutschen, neu herausgegebenen Ausgabe zitiert. Lowe, Adolph (1984a): *Politische Ökonomik. On Economic Knowledge.* Neu herausgegeben von Harald Hagemann. Neuausgabe. Nach der amerikanischen Originalausgabe von 1965 unter dem Titel *On Economic Knowledge. Toward a Science of Political Economics.* Königstein/Ts.: Athenäum.

„Adolph Lowe […] is one of the few people in the world today who deserve the title of economic philosopher."[10]

Geboren wurde Löwe am 4. März 1893 in Stuttgart.[11] Er studierte Rechts- und Wirtschaftswissenschaften sowie Philosophie an den Universitäten München, Berlin und Tübingen[12] unter anderem bei Lujo Brentano, Adolph Wagner, Franz Oppenheimer, Franz von Liszt und Georg Simmel.[13] Seine Promotion legte er inmitten des Ersten Weltkrieges als Jurist ab. Als er noch während seiner Studienzeit in den Kriegsdienst eingezogen wurde, hatte er großes Glück, denn kurz vor

[10] Boulding, Kenneth E. (1965): On Economic Knowledge: Toward a Science of Political Economics by Adolph Lowe. Review. In: *Scientific American*, Vol. 212, No. 5 (May), S. 139. Vgl. auch Oakley, Allen (1987): Introduction. Adolph Lowe's Contribution to the Development of a Political Economics. In: Adolph Lowe: *Essays in Political Economics. Public Control in a Democratic Society.* Hrsg. u. eingel. v. Allen Oakley. Wheatsheaf Books, S. 23 (Fn. 1).

[11] Lowe stammt aus einem liberalen, jüdischen Elternhaus. In Stuttgart ging er mit Max Horkheimer zur Schule. Vgl. Klaue, Markus: Planwirtschaft. Adolph Lowe und Max Horkheimer im Streit über die verwaltete Welt. In: *Historische Erfahrung und begriffliche Transformation. Deutschsprachige Philosophie im Exil in den USA 1933–1949. Emigration – Exil – Kontinuität. Schriften zur zeitgeschichtlichen Kultur- und Wissenschaftsforschung.* Hrsg. v. Friedrich Stadler. Band 16. Wien: Lit Verlag 2018, S. 158–178, S. 158; Wiggershaus, Rolf: *Die Frankfurter Schule. Geschichte. Theoretische Entwicklung. Politische Bedeutung.* 3. Auflage. München/Wien: Carl Hanser Verlag 1991, S. 50.

[12] Vgl. Lowe (1990), Autorenbeschreibung.

[13] Es sollen Lujo Brentanos Vorlesungen gewesen sein, die sein Forschungsinteresse mehr in Richtung Nationalökonomie lenkten. Vgl. Löwe an Brentano, 20. Januar 1926 (Bundesarchiv Koblenz, Nachlass Brentano, Bd. 34, Bl. 71). Zit. nach: Kulla, Bernd (1996): *Die Anfänge der empirischen Konjunkturforschung in Deutschland 1925–1933.* Volkswirtschaftliche Schriften (Heft 464). Berlin: Duncker & Humblot, S. 152. Zu Adolph Wagner siehe Beckmann, Ulf (2000): *Von Lowe bis Leontief. Pioniere der Konjunkturforschung am Kieler Institut für Weltwirtschaft.* Beiträge zur Geschichte der deutschsprachigen Ökonomie. Hrsg. v. Birger P. Priddat und Heinz Rieter. Marburg: Metropolis-Verlag 2000, S. 415. Zu Brentano, von Liszt und Oppenheimer vgl. auch Krohn, Claus-Dieter (2006): *Lowe, Adolph.* In: Deutsche Biographische Enzyklopädie (DBE). 2., überarbeitete und erweiterte Ausgabe. Hrsg. v. Rudolf Vierhaus. Band 6. München: K. G. Saur, S. 572 f. Zu Simmel: In der Simmel-Gesamtausgabe befinden sich Vorlesungsmitschriften von Adolf Löwe. Siehe Simmel, Georg (2012): *Kolleghefte und Mitschriften.* Band 21. Hrsg. v. Angela Rammstedt und Cécile Rol. Berlin: Suhrkamp, S. 757 ff., 847 ff., 891 ff., 940 ff.

der Schlacht von Verdun diagnostizierte ihm ein Militärarzt irrtümlicherweise einen Herzfehler, sodass er für kriegsuntauglich erklärt und entlassen wurde.[14] Auf Vermittlung seines Lehrers Franz Oppenheimer wendete sich Löwe daraufhin den Problemen der Rückkehr zur Friedenswirtschaft ohne Massenarbeitslosigkeit und Unterversorgung zu.[15] Er arbeitete als Sekretär für Gustav Bauer, dem damals stellvertretenden Vorsitzenden der freien Gewerkschaften, als Referent in der Reichsarbeitsverwaltung, wo er unter anderem die komplexen Verhandlungen um den Versailler Vertrag miterlebte, sowie fünf Jahre im Reichswirtschaftsministerium, zunächst im Sozialisierungsreferat, dann im Referat zur Bekämpfung der Inflation und schließlich im Reparationsreferat. Als delegierter Sachverständiger war er nicht nur an den Vorbereitungen der Weltwirtschaftskonferenz 1922 in Genua, sondern auch an den Verhandlungen der Reparationszahlungen, dem Dawes-Plan, beteiligt.[16] Nach dem Machtverlust der SPD in den Inflationsjahren und den ersten Erfolgen der NSDAP wurde Löwe 1924 ins Statistische Reichsamt versetzt. Als Leiter der Internationalen Abteilung arbeitete er an der Entwicklung neuer quantitativer Ansätze zur Wirtschaftsbeobachtung[17] und erfuhr „zum ersten Mal, was sich außerhalb

[14] Vgl. Lowe, Adolph (1989): Konjunkturtheorie in Deutschland in den Zwanziger Jahren. In: *Schriften des Vereins für Socialpolitik. Gesellschaft für Wirtschafts- und Sozialwissenschaften*. Hrsg. v. Bertram Schefold. Neue Folge Band 115/VIII, S. 76.

[15] Vgl. Dönhoff, Marion Gräfin / Greffrath, Mathias (1988): Selbstbeschränkung ist keine Unfreiheit. Über die Abrüstung, die Zukunft des organisierten Kapitalismus und die Chancen demokratischer Planung. Interview mit Adolph Lowe. In: *Die Zeit*, Nr. 21 (20. Mai), S. 41.

[16] Vgl. Lowe im Interview: Greffrath (1989), S. 151; Beckmann (2000), S. 442; Lowe (1989), S. 77.

[17] Vgl. Krohn, Claus-Dieter (1981): *Wirtschaftstheorien als politische Interessen. Die akademische Nationalökonomie in Deutschland 1918–1933.* Band 226. Frankfurt/New York: Campus-Verlag, S. 124; Krohn, Claus-Dieter (1997): Vertreibung und Akkulturation deutscher Wirtschaftswissenschaftler nach 1933 am Beispiel Adolph Lowes und der ‚University in Exile' an der New School for Social Research in New York. In: *Exodus aus Nazideutschland und die Folgen. Jüdische Wissenschaftler im Exil.* Hrsg. v. Marianne Hassler und Jürgen Wertheimer. Tübingen: Attempto Verlag, S. 213; Hagemann, Harald (1997a): Zerstörung eines innovativen Forschungszentrums und Emigrationsgewinn. Zur Rolle der ‚Kieler Schule' 1926–1933 und ihrer Wirkung im Exil. In: *Zur deutschspra-*

Deutschlands, vor allem aber in empirischen Untersuchungen, auf dem Gebiet der Konjunkturforschung in Amerika abspielte"[18]. Während Löwe 1926 ein Angebot aus Kiel erhielt, die Konjunkturforschung am dortigen *Königlichen Institut für Seeverkehr und Weltwirtschaft*, dem heutigen *Institut für Weltwirtschaft* (IfW), aufzubauen, gründete Ernst Wagemann, der damalige Leiter des Statistischen Reichsamtes, auf Vorschlag und Initiative Löwes das *Institut für Konjunkturforschung* in Berlin (heute: *Deutsches Institut für Wirtschaftsforschung*, DIW).[19]

Das Kieler Institut, das bis zu diesem Zeitpunkt eher ein „weltwirtschaftliches Archiv"[20] als eine Forschungseinrichtung darstellte, entwickelte sich in den darauffolgenden Jahren zum „Mekka"[21] der deutschsprachigen Konjunkturforschung. Vor allem die Fördermittel der amerikanischen *Rockefeller Foundation* belegen das frühe internationale Wirken der jungen *Astwik*[22]-Gruppe um Löwe.[23] In Kiel habilitierte er

chigen wirtschaftswissenschaftlichen Emigration nach 1933. Hrsg. v. ders. Marburg: Metropolis-Verlag, S. 294 f.

[18] Lowe (1989), S. 77.

[19] Vgl. ebd., S. 78.

[20] Vgl. ebd.

[21] Krohn, Claus-Dieter (1997b): Entlassung und Emigration deutschsprachiger Wirtschaftswissenschaftler nach 1933. In: *Zur deutschsprachigen wirtschaftswissenschaftlichen Emigration nach 1933.* Hrsg. v. Harald Hagemann. Marburg: Metropolis-Verlag, S. 54; Krohn, Claus-Dieter (1996a): *Der Philosophische Ökonom. Zur intellektuellen Biographie Adolph Lowes.* Marburg: Metropolis-Verlag. John Van Sickle, der Pariser Repräsentant der *Rockefeller Foundation* in Europa, verglich die Leistungen des Kieler Instituts (zwischen 1926 und 1933) mit denen des *National Bureau of Economic Research* (NBER) in New York. Vgl. Lowe (1989), S. 78 f.; Hagemann (1997a), S. 294.

[22] Die Abkürzung *„Astwik"* steht für die „Abteilung für Statistische Weltwirtschaftskunde und internationale Konjunkturforschung". Näheres zur Konjunkturforschung in Kiel und u. a. zu Lowes Dialog mit Friedrich August von Hayek siehe Wiechel-Kramüller, Fenja (2021): *Adolph Lowe als Wirtschaftsphilosoph. Von der Kieler Schule zur Politischen Ökonomik.* In: Kieler Schriften zur Wirtschaftsphilosophie, herausgegeben vom Kiel Center for Philosophy, Politics and Economics der Universität Kiel. Kiel/Hamburg: Wachholtz Verlag, S. 29–37.

[23] Vgl. Krohn (1997b), S. 54 f.

und erhielt als Lehrstuhlnachfolger von Ferdinand Tönnies eine ordentliche Professur für Wirtschaftstheorie und Soziologie.[24]

Im Jahr 1931 wurde er auf Karl Grünbergs Lehrstuhl für Wirtschaftliche Staatswissenschaften an die Goethe-Universität Frankfurt berufen, wo er im Kreis um Max Horkheimer, Paul Tillich, Friedrich Pollock und Karl Mannheim forschte und lehrte.[25] Doch aufgrund der Machtergreifung der Nationalsozialisten 1933 sollten die Frankfurter interdisziplinären „Blütenträume“[26] nur drei Semester reifen. Da Löwe gemeinsam mit Horkheimer, Tillich und Mannheim auf der ersten Entlassungs- und Verfolgungsliste stand[27], siedelte er noch im selben Jahr mit seiner Familie mit Umwegen über Genf und Paris nach Großbritannien über.[28]

[24] Vgl. Hagemann (1997a), S. 295, 319 f.; Wiggershaus (1991), S. 50; Heilbroner, Robert L. (1978): Portrait. Adolph Lowe. In: *Challenge.* Vol. 21. Issue 4. Sept–Oct, S. 66; Könke, Günter (1990): Planwirtschaft oder Marktwirtschaft? Ordnungspolitische Vorstellungen sozialdemokratischer Nationalökonomen in der Weimarer Republik. In: *Vierteljahrschrift Sozial- und Wirtschaftsgeschichte* (VSWG). 77. Band, Heft 4. Stuttgart: Franz Steiner Verlag Wiesbaden GmbH, S. 477.

[25] Vgl. Lowe, Adolph (Adolf Löwe) (2016): Rückblick auf meine verkürzte Mitgliedschaft in der fünften Fakultät. In: *Wirtschaft- und Sozialwissenschaftler in Frankfurt am Main.* Erweiterte Ausgabe. Hrsg. v. Bertram Schefold. Marburg: Metropolis-Verlag, S. 112.

[26] Ebd.

[27] Seine offizielle Entlassung nach dem ‚Gesetz zur Wiederherstellung des Berufsbeamtentums‘ erfolgte, wie er später mit Genugtuung erfuhr, nicht aus rassischen (§3), sondern aus politischen Gründen (§4). Vgl. Krohn (1996a), S. 65. Lowe gehörte (u. a. gemeinsam mit Eduard Heimann und anfänglich auch mit Alexander Rüstow) zu Paul Tillichs Kreis der ‚Religiösen Sozialisten‘, auch Berliner ‚Kairos-Kreis‘ genannt. Mit der Gründung der Zeitschrift *Neue Blätter für den Sozialismus* kämpften sie für die Aufrechterhaltung der Demokratie und gegen den aufkommenden Nationalsozialismus. Vgl. ebd., S. 24, 54, 65; Hagemann (1997a), S. 312.

[28] Bereits seit Mitte 1932 hatten seine Frau Beatrice und er zwei gepackte Handkoffer im Schlafzimmer. Den endgültigen, schweren Entschluss zur Flucht – denn Lowe war sich dessen bewusst, dass dieser Schritt das Ende seines Wirkens in Deutschland bedeuten würde – trafen sie kurz nach dem ersten, staatlich organisierten Judenboykott am 1. April 1933. Die Gefahr sei so offensichtlich geworden, dass sie sich Hals über Kopf mit den beiden Kindern in den ersten Zug Richtung Basel setzten. Vgl. Lowe im Interview: Greffrath (1989), S. 137.

Als Rockefeller Foundation Fellow und Special Honorary Lecturer für Wirtschaftswissenschaft und Politische Philosophie fand er eine befristete Anstellung an der Universität Manchester.[29] In der englischen Emigration entstanden unter anderem die Werke *Economics and Sociology. A Plea for Co-Operation in the Social Sciences* (1935)[30] und *The Price of Liberty. A German on Contemporary Britain* (1937)[31]. Letzteres ist eine persönlich an seinen Freund Paul Tillich anlässlich seines 50. Geburtstags adressierte Schrift, in der er seine psychologischen und soziologischen Erfahrungen mit der angelsächsischen Kultur präsentiert, die auch in seinen späteren Analysen immer wieder zum Ausdruck kommen werden (vgl. Kapitel 4.3). Veröffentlicht wurde der Brief als kleine Broschüre in der „*Day to Day Pamphlets*"-Serie von Leonard und Virginia Woolf.

[29] Aufgrund seiner neoklassischen Kritik lehrte er nicht bei den Wirtschaftswissenschaftler:innen, sondern bei den Politikwissenschaftler:innen Politische Philosophie. In einem Brief an Max Horkheimer vom 9. Februar 1938 berichtet er von seinen philosophischen Studien von John Locke, David Hume, Jean-Jacques Rousseau und Edmund Burke. Vgl. Horkheimer, Max (1995): *Gesammelte Schriften. Briefwechsel 1937–1940.* Band 16. Hrsg. v. Gunzelin Schmid Noerr. Ungekürzte Ausgabe. Frankfurt am Main: Fischer Taschenbuch Verlag, S. 386 f. Zusätzlich war er als Gastdozent an der London School of Economics and Political Science im Jahre 1934 tätig. Vgl. Hagemann, Harald (1999): Lowe, Adolph. In: *Biographisches Handbuch der deutschsprachigen wirtschaftswissenschaftlichen Emigration nach 1933.* Hrsg. v. Harald Hagemann und Claus-Dieter Krohn. Band 2. München: K. G. Saur, S. 392; Krohn, Claus-Dieter (1996b): Der ‚soziologische Blick' auf Erziehung. Adolph Lowes Schriften über Bildungsfragen und Universitätsreform. In: *Franz Oppenheimer und Adolph Lowe. Zwei Wirtschaftswissenschaftler der Frankfurter Universität.* Hrsg. v. Volker Caspari und Bertram Schefold. Marburg: Metropolis-Verlag, S. 226; Lowe im Interview: Greffrath (1989), S. 138; Krohn (1996a), S. 67 ff.

[30] Löwe, Adolf (2003): *Economics and Sociology. A Plea for Co-Operation in the Social Sciences.* First published in 1935. Abington, Oxon/New York, NY: Routledge.

[31] Löwe, Adolf (1937): *The Price of Liberty. A German on Contemporary Britain.* Published by Leonard and Virginia Woolf. Day to Day Pamphlets, No. 36. Letchworth: The Hogarth Press. Auszüge der Broschüre wurden 1947 im Rahmen des demokratischen Re-Education-Programms der Deutschen vom Alliierten Informationsdienst neuabgedruckt. Siehe Löwe, Adolf (1947): Freiheit ist nicht umsonst zu haben. Auszüge aus: The Price of Liberty. In: *Neue Auslese.* Hrsg. vom Alliierten Informationsdienst, Jg. 2, Heft 4, S. 1–9.

1940 folgte er einem schon seit 1933 vorliegenden Ruf an die *New School for Social Research* in New York, an der er schließlich – im Kreis vieler weiterer emigrierter Wissenschaftler:innen wie Hans Staudinger, Eduard Heimann, Arnold Brecht, Hannah Arendt und auch Hans Jonas – eine neue wissenschaftliche Heimat fand und noch weit über seine Emeritierung (1963) hinaus, bis in die 1970er Jahre, Wirtschaftswissenschaften lehrte.[32]

Dieses Buch fokussiert sich vornehmlich auf Lowes späteren wissenschaftlichen Weg, von seinem Hauptwerk *Politische Ökonomik* bis zu seinem Spätwerk *Hat Freiheit eine Zukunft?*, und kann somit als zweiter Teil zur 2021 erschienenen Publikation *Adolph Lowe als Wirtschaftsphilosoph. Von der Kieler Schule zur Politischen Ökonomik*[33] verortet werden. Da bei einer Analyse seiner späteren Wirkungszeit der wirtschaftsphilosophische Diskurs mit seinem *New-School*-Kollegen Hans Jonas nicht ausgeklammert werden kann, wendet sich diese Arbeit ebenfalls den Parallelen und Unterschieden dieser beiden Denker zu.

1.3 Zur intellektuellen Freundschaft zwischen Adolph Lowe und Hans Jonas

Als Jonas im Jahr 1955 an die *New School* wechselte und sich sein Forschungsinteresse von eher historischen Untersuchungen – er begann seine wissenschaftliche Karriere mit Studien über die Gnosis (u. a. unter dem Einfluss von Edmund Husserl, Martin Heidegger und Rudolf Bultmann[34]) – zunehmend in Richtung Gegenwartsanalyse verlagerte, kam es zu immer mehr interdisziplinären Schnittstellen mit den Arbeiten des zehn Jahre älteren Ökonomen. Vor allem nachdem Lowes langjähriger Freund Paul Tillich 1965 gestorben war, entwickelte sich Jonas, wie Klaus-Dieter Krohn in einer Lowe-Biografie beschreibt,

32 Vgl. Schefold (1998a), S. 363.

33 Die Publikation Wiechel-Kramüller (2021) widmet sich schwerpunktmäßig seiner früheren Wirkungszeit: Von der Kieler Schule zur *Politischen Ökonomik*.

34 Vgl. Nielsen-Sikora, Jürgen (2017): *Hans Jonas. Für Freiheit und Verantwortung.* Darmstadt: WBG – Wissenschaftliche Buchgesellschaft, S. 9.

zunehmend zu einem:einer seiner wichtigsten Dialogpartner:innen.[35] So beschreibt Lowe etwa den Abschnitt zur ‚Instrumentalen Analyse' in der *Politischen Ökonomik* als „stark beeinflußt […] durch eingehende Diskussionen mit meinem Kollegen Hans Jonas."[36] Besonders intensiv müssen sie sich zu den moralischen Grundfragen des Wirtschaftens und den zukünftigen ökologischen Herausforderungen ausgetauscht haben, wie ihr Diskurs über die Begründung wirtschaftlicher Ziele in den 1960er Jahren offenlegt (vgl. Kapitel 3). Auch ein umfangreicher, bisher unveröffentlichter Briefwechsel aus dem Zeitraum zwischen 1943 und 1992 dokumentiert ein freundschaftliches Verhältnis zwischen beiden.[37]

1.4 Vorgehen und Forschungsziel

Dieser Beitrag macht es sich zur Aufgabe, Lowe, der anders als viele seiner Fachkolleg:innen noch immer zu den am wenigsten erforschten Exil-Wissenschaftler:innen gehört, in die heutige Wirtschafts- und Umweltphilosophie einzubetten und seine Bedeutung für den aktuellen Krisendiskurs zu unterstreichen. Außerdem nimmt diese Arbeit mit der Analyse des Lowe-Jonas-Diskurses einen Forschungsbereich in den Blick, der in der Jonas-Biografie von Jürgen Nielsen-Sikora[38]

[35] Vgl. Krohn (1996), S. 143. Auch erbte Jonas 1963 Lowes Alvin-Johnson-Professur. Nielsen-Sikora, Jürgen (2021): Philosophical Essays. From Ancient Creed to Technological Man (1974). In: *Hans Jonas-Handbuch: Leben – Werk – Wirkung*, hrsg. v. Michael Bongardt, Holger Burckhart, John-Stewart Gordon, Jürgen Nielsen-Sikora. Berlin/Heidelberg: J. B. Metzler, S. 117.

[36] Lowe (1984a), S. 163 (Fn. 5).

[37] M.E. Grenander Special Collections & Archives. University at Albany. State University of New York. Correspondence Adolph Lowe and Hans Jonas. 1943–1989. Collection: Adolph Lowe Papers. Collecting Area: German and Jewish Intellectual Émigré Collections. Collection ID: ger022. Digitalisiert online verfügbar: https://archives.albany.edu/concern/daos/s4656085q?locale=en (Stand: 15. Mai 2023); Philosophisches Archiv der Universität Konstanz. Hans Jonas-Sammlung. Briefwechsel Hans Jonas – Adolf Lowe. HJ 4-3-19, HJ 7-8-2, HJ 13-5-2, HJ 7-165-35, HJ 6-17-72, HJ 6-20-15-16. (Anfrage vom 24.7.2021).

[38] Nielsen-Sikora (2017).

gänzlich fehlt und auch in der Lowe-Biografie von Krohn nur oberflächlich Erwähnung findet.[39]

Eine anfängliche Hypothese dieser Arbeit lautet, dass sich Jonas' *Prinzip Verantwortung* wie ein ethisches Fundament für Lowes *Politische Ökonomik* liest. Letztendlich lassen sich mit diesem Forschungsvorhaben bestenfalls nicht nur beide Hauptwerke besser verstehen, sondern auch die heutigen Ökonomie- und Nachhaltigkeitsdiskurse näher zusammenbringen.

Um den aktuellen Umbruch und die aktive Steuerung des sozial-ökologischen Transformationsprozesses bewältigen zu können, müssen viele Prämissen erneut auf den Prüfstand. Welche Spielregeln sind nötig, damit Demokratie, Gesellschaft, Wirtschaft und Umwelt gut gedeihen? Welche Wirtschaftsordnung garantiert uns eine Verbesserung der Lebensbedingungen? Wie lässt sich unser Wirtschaftssystem mit den Klima- und Umweltzielen vereinen? Ein essentieller Baustein all dieser Analysen ist ökonomische Theoriegeschichte. Wo kommen wir diesbezüglich her? Worauf basieren sowohl unsere Wirtschaftslehre als auch unser Wirtschaftssystem? Welche Grundlagen sind noch aktuell, welche überholt? Was ist eigentlich der Sinn und Zweck des Wirtschaftens? Und vor allem, welche Modelle und Konzepte bestehen bereits, die wir mit unserem heutigen Wissen anreichern können?

In einem ersten Schritt lohnt es sich hierbei, sich auf heute negativ konnotierte Begriffe wie ‚Ordnung', ‚Planung' oder ‚Kontrollen' neu einzulassen. Denn wie auch die Wirtschaftsphilosophin Lisa Herzog fordert, müssen zur Bewältigung der großen Herausforderungen die „alten Grabenkämpfe"[40] zwischen Markt versus Staat und Freiheit versus Zwang überwunden werden.

Spätestens seit der Finanzkrise 2008/2009 und der Corona-Pandemie 2020–2023 wurde nochmals deutlich, dass aus dem neoliberalen Kurs der letzten vierzig Jahre schwerwiegende Defizite resultieren und der freie Markt ohne Rahmenbedingungen des Staates nicht zuverlässig funktioniert. Wir befinden uns aktuell an einem Punkt, an dem wir wissen, dass wir einen politisch und gesellschaftlich forcierten Umstellungsprozess benötigen. Somit erscheint die noch junge

[39] Krohn (1996a), S. 145–158.

[40] Herzog, Lisa (2018): *Freiheit gehört nicht nur den Reichen – Plädoyer für einen zeitgemäßen Liberalismus*. 2. Auflage. München: Verlag C.H. Beck, S. 12.

Lowe-Forschung besonders vor dem Hintergrund der neuen politischen und ökologischen Ökonomie sowie der derzeit prosperierenden Disziplin der Wirtschaftsphilosophie[41] vielversprechend.

Die Arbeit führt chronologisch durch die Werke: von Lowes *Politischer Ökonomik* über Jonas' *Prinzip Verantwortung* bis hin zu Lowes Spätwerk *Hat Freiheit eine Zukunft?*.

[41] Vgl. z. B. Heidbrink, Ludger / Lorch, Alexander / Rauen, Verena (Hrsg.) (2021): *Handbuch Wirtschaftsphilosophie III: Praktische Wirtschaftsphilosophie.* Wiesbaden: Springer; Heidbrink, Ludger / Lorch, Alexander / Rauen, Verena (2019): *Wirtschaftsphilosophie zur Einführung.* Hamburg: Junius Verlag; Seele, Peter (2018): Wirtschaftsphilosophie Quo vadis. Überlegungen zur systematischen Vermessung der deutschsprachigen Wirtschaftsphilosophie. In: *Zeitschrift für Wirtschafts- und Unternehmensethik (zfwu)* 19/2, S. 156–170; Enkelmann, Wolf Dieter (2014): Was ist Wirtschaftsphilosophie? – Bedingungen und Kriterien. In: *Was ist? Wirtschaftsphilosophische Erkundungen. Definitionen, Ansätze, Methoden, Erkenntnisse, Wirkungen.* Reihe Wirtschaftsphilosophie. Hrsg. v. Wolf Dieter Enkelmann und Birger P. Priddat. Band 3.1. Marburg: Metropolis-Verlag, S. 141–172; Röttgers, Kurt (2004): Wirtschaftsphilosophie – Die erweiterte Perspektive. In: *Zeitschrift für Wirtschafts- und Unternehmensethik (zfwu)* 5/2, S. 114–133.

2. Adolph Lowes *Politische Ökonomik* (1965)

Als Lowe den damaligen Präsidenten der *New School for Social Research*, Hans Simons, im Juni 1951 darum bat, ihn vom Direktorat des *Institute of World Affairs*[42] freizustellen, mit der Begründung, sein Werk über die „Economic Dynamics" fertigstellen zu wollen[43], sollten letztendlich noch einmal vierzehn Jahre bis zum Erscheinen vergehen. 1965, nun bereits als Emeritus, im Alter von 72 Jahren, veröffentlichte Lowe sein Hauptwerk *On Economic Knowledge. Towards a Science of Political Economics* (dt. *Politische Ökonomik*) in den USA. Das Buch sei, wie er im Vorwort schreibt, „die Frucht eines vierzigjährigen Nachdenkens über den Gegenstand und die Methode der Wirtschaftswissenschaft."[44] In der Tat lässt sich das Werk wie eine Zusammenführung der verschiedenen Stränge seiner bisherigen Forschungsarbeit lesen.

Der Ursprung seines Forschungsinteresses liegt in den frühen 1920er Jahren begründet, als Lowe im Rahmen seiner Tätigkeiten unter anderem im Reichswirtschaftsministerium und im Statistischen Reichsamt mit den drängendsten ökonomischen Problemen der jungen Weimarer Republik konfrontiert war: Inflation, Instabilitäten zyklischen Wachstums und eine enorme strukturelle Arbeitslosigkeit. Zwar begann Lowe, wie er schreibt, „als überzeugter Anhänger des traditionellen Ansatzes, wie er in der neoklassischen Gleichgewichtstheorie formuliert

[42] Das Institute of World Affairs wurde 1943 gegründet. Der Gründungspräsident der *University in Exile* Alvin Johnson und Adolph Lowe träumten von einer Rekonstruktion des Kieler Instituts in New York. Rutkoff, Peter M. / Scott, William B. (1986): *New School. A History of The New School for Social Research.* New York: The Free Press, S. 151; vgl. auch Hagemann (1997a), S. 328; Lowe im Interview: Dönhoff/Greffrath (1988), S. 44.

[43] Vgl. Krohn (1996a), S. 129.

[44] Lowe (1984a), S. 7.

ist"[45], doch stellte sich dieser zur Begründung einer stabilisierenden Wirtschaftspolitik als nicht hilfreich heraus. Mehr und mehr wurde er sich einer „tiefe[n] Kluft"[46] bewusst, die die damalige Wirtschaftstheorie von der wirtschaftlichen Wirklichkeit trennte. Neben der Verwaltungsarbeit blieb ihm nichts anderes übrig, als die theoretischen Grundlagen mehr „schlecht und recht selber [zu] erarbeiten."[47] Die Suche nach einem nützlichen Leitfaden für die Gestaltung der Wirtschaftspolitik sowie die Schaffung einer praxisnäheren bzw. empirisch prüfbaren Wirtschaftstheorie prägen seitdem seine wissenschaftlichen Forschungen. In der Weimarer Zeit entwickelte sich Lowe zum „Spiritus Rector"[48] der deutschsprachigen Konjunkturforschung (siehe auch Kapitel 2.1.2) und auch nach der erzwungenen Emigration durch das NS-Regime versuchte er stets, wie es Friedrich Pollock beschreibt, den „Ursachen des Scheiterns der Wirtschaftswissenschaft auf die Spur zu kommen."[49]

Im ersten Teil der *Politischen Ökonomik* liefert Lowe hierfür eine detailreiche Analyse der Entwicklung und Struktur der ökonomischen Theorie. Er unterteilt den westlichen Industriekapitalismus in drei Phasen: die *klassische Phase* (circa von der Mitte des 18. bis zur Mitte des 19. Jahrhunderts), die *neoklassische Phase* (circa von Mitte des 19. Jahrhunderts bis zum Ersten Weltkrieg) und die *moderne Phase* (ab Ende des Ersten Weltkrieges bis zur Gegenwart[50]).[51] Auf dieser

[45] Ebd.

[46] Ebd., S. 7, 104.

[47] Lowe (1989), S. 77.

[48] Hagemann, Harald (1996): Geld, Technischer Fortschritt und Konjunktur. Zur Debatte zwischen Löwe und Hayek. In: *Franz Oppenheimer und Adolph Lowe. Zwei Wirtschaftswissenschaftler der Frankfurter Universität.* Hrsg. v. V. Caspari u. B. Schefold. Marburg: Metropolis-Verlag, S. 281; Krohn (1996a), S. 35; vgl. etwa Löwe, Adolf (1925): Der gegenwärtige Stand der Konjunkturforschung in Deutschland. In: *Die Wirtschaftswissenschaft nach dem Kriege. Festgabe für Lujo Brentano zum 80. Geburtstag.* Hrsg. v. Moritz Julius Bonn und Melchior Palyi. Band 2. München/Leipzig: Duncker & Humblot, S. 329–377.

[49] Pollock, Friedrich (1967): Lowe, Adolph. On Economic Knowledge. Besprechung. In: *Kyklos. International Zeitschrift für Sozialwissenschaften.* Vol. XX, S. 564 f.

[50] Gegenwart bedeutet hier 1960er Jahre.

[51] Vgl. Lowe (1984a), S. 88–113.

Basis erläutert er im zweiten Teil ein neuartiges methodisches Vorgehen, das theoretische Analyse und wirtschaftspolitisches Handeln enger verknüpfen soll: die Wissenschaft der *Politischen Ökonomik.*[52]

Hervorzuheben ist, dass es Lowe bei seiner im Folgenden dargelegten kritischen Untersuchung der konventionellen wirtschaftswissenschaftlichen Methoden keineswegs, wie er im Vorwort betont, um eine „generelle Ablehnung aller herrschenden Verfahrensweisen"[53] geht. Vielmehr sei es die veränderte Situation der Moderne, die Anpassungen, Umstrukturierungen und Ergänzungen notwendig mache.[54]

2.1 Die Entwicklung des ökonomischen Denkens – eine kritische Analyse

Obwohl der Mensch seit Urzeiten ein „wirtschaftendes"[55] Wesen ist, reichen größere systematische Untersuchungen der Ökonomie, wie Lowe anmerkt, kaum weiter zurück als bis ins 17. Jahrhundert. Natürlich gibt es auch antike und mittelalterliche Schriften, die wirtschaftliche Tatbestände behandeln – doch liege der Fokus hierbei entweder auf taxonomischen Übersichten oder die Thematik werde sekundär in Werken über Politik, Religion, Moral oder Naturrecht, d. h. unter normativen Gesichtspunkten, behandelt.[56] Im Vergleich zur Entwicklung der Naturwissenschaft könne, so Lowe, „von einer gleichwertigen Leistung auf dem Gebiet antiker oder mittelalterlicher Wirtschaftswissenschaft […] keine Rede sein."[57]

[52] Vgl. ebd., S. 152–186, 273–336.

[53] Ebd., S. 9.

[54] Vgl. auch Heilbroner, Robert L. (1969): Introduction. In: *Economic means and social ends. Essays in Political Economics.* Hrsg. v. Robert L. Heilbroner. Englewood Cliffs, New Jersey: Prentice-Hall, S. viii.

[55] Lowe (1984a), S. 16.

[56] Vgl. ebd., S. 16, 44.

[57] Ebd., S. 16.

2.1.1 Die klassische Phase

Erst ab circa Mitte des 18. Jahrhunderts trat die Nationalökonomie als eine eigenständige Disziplin auf und steuerte hierbei in eine Richtung, die Lowe zufolge „noch erstaunlicher“[58] sei als die vorherige historische Verzögerung. Wörtlich heißt es:

> „Innerhalb eines Jahrhunderts gelang es ihr, alle philosophischen, politischen und soziologischen Rückstände abzustoßen und, gemessen am Stande der anderen Wissenschaften vom Menschen, einen Höchstgrad von Spezialisierung zu erreichen.“[59]

Auslöser dieser ersten Entwicklungsphase des westlichen Kapitalismus war die Industrielle Revolution. Zahlreiche Erfindungen wie die Dampfmaschine, die Eisenbahn oder die Glühbirne ermöglichten neue industrielle Produktionsmethoden. Doch waren die Umwälzungen dieser neuen Technik auch mit enormen exogenen Druckfaktoren verbunden: Die Epoche war geprägt von Massenarmut, unbeschränkter Konkurrenz, einer puritanischen Arbeitsethik und macht- und prestigevermittelnder Kapitalakkumulation.[60]

In diesem Umfeld entwickelte sich der „Konstruktionsplan“[61] oder in den Worten von Joseph A. Schumpeter: das „Räderwerk der theoretischen Analyse“[62]. Die Pioniere der neuen Wissenschaft – Richard Cantillon, François Quesnay, David Hume und Adam Smith – machten es sich zur Aufgabe, den „zur Koordinierung und zum Zusammenschluß führenden Gesetze[n]“[63] der freien Marktbewegungen auf den

[58] Ebd.

[59] Ebd., S. 16 f.

[60] Vgl. Lowe im Interview: Greffrath (1989), S. 159; Lowe (1990), S. 33, 43; Lowe (1984a), S. 89.

[61] Lowe (1984a), S. 88.

[62] Schumpeter, Joseph A. (1965): Geschichte der ökonomischen Analyse. Zweiter Teilband. In: *Grundriss der Sozialwissenschaft.* Bd. 6. Göttingen: Vandenhoeck & Ruprecht, S. 1159; vgl. Lowe (1984a), S. 88.

[63] Heimann, Eduard (1949): *Geschichte der volkswirtschaftlichen Lehrmeinungen. Eine Einführung in die nationalökonomische Theorie.* Dt. Übersetzung von Stephan Skalweit. Originaltitel: *History of Economic Doctrines. An Introduction to Economic Theory.* Frankfurt am Main: Vittorio Klostermann, S. 22; vgl. Lowe (1984a), S. 47.

Grund zu gehen. Als Untersuchungstechnik wählten sie die hypothetisch-deduktive Methode der Naturwissenschaft, die zur damaligen Zeit, etwa mit Isaac Newtons Entdeckung des Gravitationsgesetzes, große Triumphe feierte. Analog dazu versuchten auch sie, eine „wirtschaftliche Schwerkraft“[64] zu finden. Adam Smith sah „in dem Wunsch, die Lebensbedingungen zu verbessern“[65], ein solches in der Natur des Menschen festgelegtes Prinzip. Nicht das „Wohlwollen des Metzgers, Brauers und Bäckers“[66], sondern die Verfolgung seines eigenen Interesses trage dazu bei, wie „von einer unsichtbaren Hand geleitet, […] einen Zweck zu fördern, den zu erfüllen er in keiner Weise beabsichtigt hat.“[67] Laut den klassischen Ökonomen liegt folglich in der Minimierung der Ausgaben und der Maximierung des Gewinns ein derartiges universales ökonomisches Handlungsprinzip.[68]

Aufgrund der oben genannten starken Druckkomponenten sind jedoch aus Lowes Sicht die „primitive[n] Spekulationen“[69] über angeborene Neigungen zur Erklärung der weitestgehend homogenen mikroökonomischen Verhaltens- und Motivationsmuster der Marktteilnehmer:innen gar nicht nötig. Das Extremalprinzip wurde angesichts der frühkapitalistischen Umweltbedingungen zur obersten Strategie des Überlebens.[70] Somit habe auch die theoretische Formulierung des Homo oeconomicus während dieser Kapitalismusperiode plausible Gründe.[71] Auch erwies sich die Übernahme der naturwissenschaftlichen Modellkonstruktion als erste Grundsteinlegung für die ökonomische Theoriebildung als ein naheliegendes und „praktikables In-

[64] Lowe (1984a), S. 77. Der Begriff stammt von Wilhelm Hasbach.

[65] Smith, Adam (2013): *Der Wohlstand der Nationen. Eine Untersuchung seiner Natur und seiner Ursachen.* Hrsg. v. Horst Claus Recktenwald. 13. Auflage. München: Taschenbuch Verlag, S. 282.

[66] Ebd., S. 17.

[67] Ebd., S. 371.

[68] Hierfür gab es im Laufe der Zeit verschiedene Bezeichnungen: ‚Profitmotiv‘, ‚Maximierungsprinzip‘, ‚Gesetz von Angebot und Nachfrage‘. Lowe bezeichnet diese Handlungsmaxime als ‚Extremalprinzip‘. Vgl. Lowe (1984a), S. 54; Lowe im Interview: Greffrath (1989), S. 158.

[69] Lowe (1990), S. 32.

[70] Vgl. Lowe (1984a), S. 9.

[71] Vgl. ebd., S. 90; Lowe (1990), S. 33.

strument"[72]. Zumal die Außenwelt mit all den herrschenden Konventionen und Umweltzwängen in der Wahrnehmung der Zeitgenossen als „*unabänderlich*"[73] galt (vgl. auch Kapitel 2.5.2). Kurz gesagt: Aus der damaligen Perspektive wirkten die Marktbewegungen durchaus gleichwertig mit physikalischen Naturgesetzen.

2.1.2 Die neoklassische Phase

In der neoklassischen Phase (etwa 1850 bis 1914) reiften die westlichen Volkswirtschaften zu vollentwickelten Industriesystemen aus.[74] Zwar verbesserte sich der Lebensstandard der breiten Masse langsam, doch blieben die exogenen Druckfaktoren in ihren vollen Ausmaßen bestehen.[75] Der Akkumulationswettbewerb schaukelte sich weiter hoch und die „Schockeffekt[e] der laufend neuen Erfindungen"[76] verursachten Arbeitslosigkeit, Pauperismus und wirtschaftliche Instabilitäten. Eine Ursache: Mit den Großfabriken stieg auch die Kapitalbildung, auf die wiederum eine Reduktion des Mobilitätsgrades bzw. der Anpassungsfähigkeit des Systems an die Umweltveränderungen folgte. Die technologische Entwicklung beeinträchtigte somit die Angebotselastizität und brachte neuartige periodische Fluktuationen bei der Gesamtversorgung und der Beschäftigung, d. h. das Phänomen der Konjunkturzyklen, zum Vorschein.[77]

Bemerkenswert ist aus Lowes Perspektive, wie sich in dieser Zeit das neoklassische Gleichgewichtsmodell entwickeln konnte, ohne die empirisch belegten Konjunkturschwankungen in die Theorie zu integrieren. Bei Joseph A. Schumpeter heißt es:

[72] Lowe im Interview: Greffrath (1989), S. 159.

[73] Lowe (1990), S. 35. Hervorhebung im Original. Vgl. auch Lowe, Adolph (1971): Is Present-Day Higher Learning „Relevant"? In: *Social Research*, Vol. 38, No. 3 (Autumn). Published by New School, S. 574 f.

[74] Vgl. Lowe (1984a), S. 92.

[75] Vgl. ebd., S. 93 f.

[76] Ebd., S. 94.

[77] Vgl. ebd., S. 94–96; Zinn (1986), S. 108 f.; Lowe (1990), S. 34.

> „Mit wenigen Ausnahmen, von denen Marx am einflußreichsten war, behandelten sie [die Wirtschaftstheoretiker] die Konjunkturzyklen als ein den normalen Ablauf des kapitalistischen Wirtschaftslebens überlagerndes Phänomen, und zwar vorwiegend als ein pathologisches; die meisten von ihnen haben gar nicht daran gedacht, die Konjunkturzyklen nach Material für den Aufbau der fundamentalen Theorie der kapitalistischen Wirklichkeit zu durchforschen."[78]

Die führenden Vertreter der Neoklassik, William Stanley Jevons, Léon Walras, Carl Menger, Alfred Marshall, Knut Wicksell und John Bates Clark, modifizierten zwar die klassischen Grundannahmen und illustrierten das Nutzenmaximierungsprinzip, aber in der Gesamtheit hielten sie an der Selbststeuerung der Märkte fest, d. h., „sie fügten", wie auch Schumpeter kritisiert, „im allgemeinen nichts hinzu"[79]. Entweder wurden die Wellenbewegungen „vermieden"[80] oder sie wurden anhand von äußeren Störungen erklärt, in Analogie zu unruhigen Seestürmen (Walras)[81], die den gleichgewichtigen Trend überdeckten.[82] Marshall beispielsweise lehrte, dass sich die wirtschaftlichen Kräfte erst dann „voll entfalten" können, wenn sich „die allgemeinen Umweltbedingungen lange genug stationär"[83] verhielten.

[78] Schumpeter (1965) (II), S. 1378; vgl. auch Lowe (1984a), S. 93.

[79] Schumpeter (1965) (II), S. 1087 f.; vgl. auch Lowe (1984a), S. 88 (Fn. 5), 92.

[80] Lowe (1984a), S. 96.

[81] Léon Walras (1874): „Par exemple, et de même que le lac est parfois profondément troublé par l'orage, de même, aussi le marché est parfois violemment agité par des crises, qui sont des troubles subits et généraux de l'équilibre." Walras, Léon (1900): *Éléments d'Économie politique pure ou théorie de la richesse sociale*. Quatrième Édition. Lausanne/Paris: Rouge/Pichon. Vgl. auch Lowe (1984a), S. 96 (Fn. 14).

[82] Vgl. Lowe (1984a), S. 95.

[83] „It is the average value which economic forces would bring about if the general conditions of life were stationary for a run of time long enough to enable them all to work out their full effect." Marshall, Alfred (1922): *Principles of Economics. An introductory volume.* Eighth edition. London: Macmillan and Co., S. 347. Übersetzung nach Lowe (1984a), S. 62.

Dass sich die Neoklassiker auf katallaktische[84] Feinheiten des harmonischen Austauschs konzentrierten und die Theorie von allen natürlichen, psychologischen, institutionellen und technologischen Faktoren ‚reinigen' wollten, bewertet Lowe als die folgenschwersten Mängel in der wirtschaftswissenschaftlichen Theoriegeschichte.[85] Auf der einen Seite wurde in der Theorie das eigentlich historisch bedingte Extremalprinzip als von Raum und Zeit unabhängig axiomatisiert[86] und auf der anderen Seite habe die fortschreitende Industrialisierung die wirtschaftliche Wirklichkeit (von der Theorie vollends unberücksichtigt) tiefgreifend verändert.[87] Auf diese Weise entstand, in Lowes Worten, eine „wachsende Diskrepanz zwischen Struktur und Prozess eines vollentwickelten industriellen Marktes und den zeitgenössischen theoretischen Konstruktionen, die diese Marktphänomene erklären sollten."[88]

Diesen Befund erhob Lowe, wie bereits angedeutet, in den 1920er Jahren. Während seiner Forschungszeit in Kiel versuchte er gemeinsam mit seinen *Astwik*-Kollegen, das zyklische Phänomen in den „‚normalen' Ablauf des ökonomischen Kernprozesses zu integrieren"[89].

[84] Der Begriff „Katallaktik" oder „Katallaxie" (griech. „katallagē", dt. „Tausch") wurde vor allem von Ludwig von Mises und Friedrich August von Hayek geprägt und bezeichnet die Lehre von der Wirkung von Austauschverhältnissen auf Märkte. Vgl. Ladwig, Michael (2016): *Ludwig von Mises. Ein Lexikon.* München: FinanzBuch Verlag, S. 151–153.; Schwarz, Gerhard (2022): Wörter sind nie unschuldig: Alternativen für den Begriff ‚Kapitalismus' sind gefragt. Kolumne. In: *Neue Züricher Zeitung*, 14.06.22. Verfügbar unter: https://www.nzz.ch/wirtschaft/gerhard-schwarz-alternativen-zum-begriff-kapitalismus-ld.1688621 (15. Mai 2023).

[85] Vgl. Lowe, Adolph (1967a): Die normative Wurzel des wirtschaftlichen Wertes. In: *Interdependenzen von Politik und Wirtschaft.* Beiträge zur Politischen Wirtschaftslehre. Festgabe für Gert von Eynern. Hrsg. v. Carl Böhret und Dieter Grosser. Berlin: Duncker & Humblot 1967, S. 140; Oakley, Allen (1987): Introduction. Adolph Lowe's Contribution to the Development of a Political Economics. In: Adolph Lowe: *Essays in Political Economics. Public Control in a Democratic Society.* Hrsg. u. eingel. v. Allen Oakley. Wheatsheaf Books, S. 11; Wiechel-Kramüller (2021), S. 51.

[86] Vgl. Zinn (1986), S. 108. Lowe nennt es auch ein „dogmatisches Festhalten am Extremalprinzip". Lowe (1967a), S. 142.

[87] Vgl. Lowe (1984a), S. 92 f.

[88] Ebd., S. 93.

[89] Ebd., S. 95.

Auf die Frage, warum sich dieser wirtschaftswissenschaftliche Kurs trotz der veränderten Realität fast ein ganzes Jahrhundert hielt, führt Lowe mehrere Erklärungen an. Erstens dauerten die Rezessionen im Durchschnitt nicht länger als drei Jahre. Besonders gegen Ende der Periode, in den zwanzig Jahren vor dem Ersten Weltkrieg, zeichnete sich eine Hochkonjunktur ab, die den Glauben an eine autonome, systemimmanente Selbstregulierung durchaus bestätigten konnte.[90] Lowe allerdings sieht in den wiederkehrenden Aufschwüngen andere Strukturfaktoren begründet. Exogene Ausweichmechanismen wie Bevölkerungswachstum, permanente Innovationen und die Erschließung neuer Märkte (auch der Kolonialismus erreichte in dieser Zeit seinen Höhepunkt) sorgten für eine ständige Erweiterung der Investitionsmöglichkeiten und steigende Nachfrage.[91] Indem sich „die neoklassische Theorie […] auf diese Tendenzen [des Wachstums] konzentrierte, blieb sie in, wenn auch prekärer, Fühlung mit der realen Welt“[92], so Lowe.

Eine zweite mögliche Erklärung ist, dass sich das politische und kulturelle Wertesystem nach und nach an das Modell des freien Marktes angepasst hatte. Die neoklassischen Grundannahmen stimmten weitestgehend mit dem westlichen „Ideal des ‚autonomen Menschen‘“[93] überein.

2.1.3 Die moderne Phase

Nach dem Ende des Ersten Weltkrieges setzte nach Lowe die dritte Periode der kapitalistischen Entwicklung ein. Charakteristisch ist, dass sich zum ersten Mal auch „Verfechter dieses Systems“[94] kritisch gegenüber den herrschenden Verfahrensweisen in der Wirtschaftswissenschaft äußerten, wie beispielsweise Joseph A. Schumpeter und John

[90] Vgl. ebd., S. 96 f., 99 f.

[91] Vgl. ebd., S. 97 f.; Lowe, Adolph (1969a): Toward a Science of Political Economics. In: *Economic means and social ends. Essays in Political Economics.* Hrsg. v. Robert L. Heilbroner. Englewood Cliffs, New Jersey: Prentice-Hall, S. 13; Lowe (1990), S. 31.

[92] Lowe (1984a), S. 98.

[93] Ebd., S. 50.

[94] Ebd., S. 98.

Maynard Keynes.[95] Da man sich zunehmend vom Laissez-faire des 19. Jahrhunderts abkehrte und stabilisierende, wohlfahrtsstaatliche Leistungen, wie etwa die Sozialgesetzgebung, einführte, spricht Lowe auch von der Zeit des „modernen organisierten Kapitalismus"[96].

Die Vollendung der Industriellen Revolution und die Demokratisierung befreiten die breite Masse schrittweise aus Existenznöten, ausbeuterischen Arbeitsbedingungen und von unfairer Konkurrenz.[97] Die einst dominanten Druckfaktoren wurden schwächer, was die Verfolgung auch anderer, alternativer Verhaltens- und Motivationsmuster ermöglichte. Zwar sei das Extremalprinzip, wie Lowe betont, noch immer eine herrschende Handlungsleitlinie, doch gebe es seither – und das war ein enormer emanzipatorischer Triumph – ebenfalls Zeit und Raum für Stabilisierung, Sicherheit und Genuss.[98] Spätestens mit dem 20. Jahrhundert habe die klassische Prämisse der dauernden Maximierung folglich ihre Determiniertheit verloren. Auch die Mobilitätsschranken, die bereits in der neoklassischen Phase aufkamen, vervielfältigten sich weiter durch Verlängerungen der Investitions- und Produktionsperioden.[99] Zusammengefasst, hatten sich die Faktoren, die sich auf den Verlauf des wirtschaftlichen Kernprozesses auswirken, d. h. das Erkenntnisobjekt der ökonomischen Theorie, im Vergleich zur vorindustriellen Zeit fundamental verändert. In Lowes Worten:

> „Zum ersten Mal in der Geschichte haben wir wirklich ‚Wahlfreiheit' in der materiellen Sphäre, nämlich Freiheit, in weiten Grenzen zu wählen, zwischen Arbeit und Muße, Verbrauch und Investition, und vor allem zwischen maximierenden und ‚homeostatischen' Verhaltenstypen. […] Was jedoch keineswegs allgemein erkannt wird,

[95] Vgl. ebd.

[96] Ebd., S. 65, 98 f.

[97] Vgl. ebd., S. 102; Lowe, Adolph (1969a), S. 13.

[98] „Altogether I feel on safe ground in speaking of a wide spectrum of action directives and expectations as prevailing in the modem scene, in stark contrast to the simplistic assumptions of Traditional Economics." Lowe (1969a), S. 12; vgl. Lowe (1984a), S. 102; Lowe, Adolph (1984b): Zur Ortsbestimmung der Gegenwart. In: *Beschäftigung, Verteilung und Konjunktur. Zur Politischen Ökonomik der modernen Gesellschaft. Festschrift für Adolph Lowe*. Hrsg. v. Harald Hagemann u. Heinz D. Kurz. Bremen: Univ., Presse- u. Informationsamt, S. 31.

[99] Vgl. Lowe (1984a), S. 64 f., 98 f., 112; Lowe (1969a), S. 13.

sind die Rückschlüsse, die sich aus einer Vielfalt von Wohlfahrtszielen und für die positive Wirtschaftsforschung ergeben."[100]

Als entscheidendster Wendepunkt, der die Transformation von der liberalen zur organisierten Ära einläutete, gilt der „Schock"[101] der Großen Depression.[102] Nach den ‚Goldenen Zwanzigern' stand die Weltwirtschaft 1929 abrupt am Abgrund. Die Ursachen und Folgen dieser Krise, so Lowe, führten unmissverständlich vor Augen, welche „Auswirkungen ein[] […] Laissez-faire auf eine reife Industriegesellschaft"[103] haben kann. Instabilität definiert Lowe als die „Achillesferse der liberalen Phase des Kapitalismus"[104]. Die Antwort auf diese Gefahren waren die Institutionen des Wohlfahrtsstaates.[105]

2.2 Die Bedeutung des Keynesianismus

Die neoklassischen Markttheoretiker, die lediglich mit ihren Appellen an die langfristigen Selbstheilungskräfte des Marktes auf die Große Depression reagieren konnten[106], konterte Keynes mit dem berühmten

[100] Lowe (1967a), S. 141.

[101] Lowe (1969a), S. 14. Übersetzung der Verfasserin.

[102] Vgl. Lowe (1989), S. 100; Lowe (1969a), S. 14; Lowe (1990), S. 87.

[103] Lowe (1984a), S. 103.

[104] Lowe (1990), S. 35.

[105] Vgl. ebd., S. 44.

[106] Vgl. Lowe (1984a), S. 100; Krohn, Claus-Dieter (1985): Die Krise der Wirtschaftswissenschaft in Deutschland im Vorfeld des Nationalsozialismus. In: *Leviathan. Zeitschrift für Sozialwissenschaft.* Hrsg. v. Ulrich Albrecht et al., Nr. 3, S. 329. Auch die Kieler Reformökonomen arbeiteten vorzeitig keynesianisch. Vgl. Lowe (2016), S. 113; Lowe im Interview: Dönhoff/Greffrath (1988), S. 42; vgl. auch Garvy, George (1976): Keynesianer vor Keynes. In: *Der Keynesianismus II. Die beschäftigungspolitische Diskussion vor Keynes in Deutschland.* Hrsg. v. G. Bombach. Berlin/Heidelberg/New York: Springer-Verlag, S. 21 ff.; Take, Gunnar (2019): *Forschen für den Wirtschaftskrieg: das Kieler Institut für Weltwirtschaft im Nationalsozialismus.* Berlin: De Gruyter Oldenbourg, S. 55 f. Die Kieler zählen zu den Vorläufern der sozialen Marktwirtschaft. Vgl. Beckmann (2000), S. 17; Könke (1990), S. 459.

Satz: „*In the long run* we are all dead.“[107] Die Ökonomik mache es sich zu einfach, wenn sie in stürmischen Zeiten nur sagen könne, dass sich das Meer nach einem Sturm schon wieder beruhigen werde.[108] In Reaktion auf die krisenbedingte Massenarbeitslosigkeit verfasste Keynes seine *General Theory of Employment, Interest and Money* (1936) und läutete hiermit, so Lowes Urteil, „in mehr als einer Hinsicht einen Wendepunkt der Wirtschaftswissenschaft“[109] ein.

Nach Lowe besteht Keynes' Leistung vor allem in dem Nachweis, dass das traditionelle wirtschaftswissenschaftliche Modell lediglich für arme Gesellschaften gelte, die ausreichend exogene Kräfte mit Wachstumspotenzialen aufweisen. Der industrielle Reifeprozess und der wachsende Wohlstand verursachten dermaßen starke Verhaltens- und Motivationsänderungen, dass ein Gleichgewichtsniveau in reicheren Gesellschaften des 20. Jahrhunderts nur durch eine kompensatorische Wirtschaftspolitik zu erreichen sei.[110]

Lowe sieht die „Bedeutung der Keynesschen Revolution“ vordergründig darin, dass er „die Wandlungsfähigkeit wirtschaftlicher Motive und Verhaltensweisen und deren Abhängigkeit von Wandlungen des sozialen und technischen Milieus zur vollen Geltung“[111] brachte. Doch geht Keynes hier aus Lowes Sicht keineswegs weit genug. Auch Keynes' Anhänger John Kenneth Galbraith habe die Auswirkungen einer „Gesellschaft im Überfluss“[112] auf das ökonomische Verhalten ihrer Subjekte längst nicht erschöpfend aufgezeigt.[113]

[107] Keynes, John Maynard (2013): *A Tract on Monetary Reform*. The collected Writings of John Maynard Keynes. Volume IV. The Royal Economic Society. Cambridge et al.: Cambridge University Press, S. 65. Hervorhebung im Original; vgl. Lowe (1984a), S. 100.

[108] Vgl. Keynes (2013), S. 65.

[109] Lowe (1984a), S. 100.

[110] Vgl. ebd., S. 100–102.

[111] Ebd., S. 101 f.

[112] Galbraith, John Kenneth (1999): *The Affluent Society*. First published in the USA 1958. London et al.: Penguin Books.

[113] Vgl. Lowe (1984a), S. 102.

2.3 Zur naturwissenschaftlichen Analogie in den Wirtschaftswissenschaften

Zwar gelang Keynes mit seiner Fiskal- und Währungspolitik ein Quantensprung von seinem neoklassischen Ausgangspunkt zur Entwicklung einer Politischen Ökonomik, doch basiere sein System, so Lowes Kritik, bei genauerem Blick ebenso auf den Prämissen der traditionellen Analysen.[114] Auch er suche letztendlich auf der Grundlage der neuen, veränderten Situation der Moderne nach allgemeingültigen Gesetzen. Im Interview mit Mathias Greffrath erklärt Lowe:

> „[…] [I]n ihrer mehr als zweihundertjährigen Geschichte hat sich die Nationalökonomie im wesentlichen damit befaßt, in den tatsächlichen Wirtschaftsvorgängen Gesetzmäßigkeiten zu entdecken. Solche Gesetze – das populärste ist natürlich das sogenannte Gesetz von Angebot und Nachfrage – sollten es dem Forscher ermöglichen, […] den künftigen Gang der Wirtschaftsprozesse vorauszusagen. Darin stimmen die klassischen Ökonomen – Adam Smith, Ricardo oder Malthus – durchaus überein mit den modernen – sagen wir Keynes oder Samuelson –, aber vor allem auch mit Marx, auch wenn sie zu recht verschiedenen Ergebnissen gelangen."[115]

Lowe kritisiert, dass sich auch moderne Ökonom:innen bzw. Ökonometriker:innen noch immer bewusst oder unbewusst, auch wenn sie heute andere Begriffe verwenden, an der mechanischen Verfahrensweise und den traditionellen Hypothesen orientieren.[116] Wie Physiker:innen versuchen sie, Planetenbewegungen (hier: Marktbewegungen) zu prognostizieren, ohne aber die Gravitationsstärke und -richtung zu kennen. Keynes liefere somit keine ‚allgemeine', sondern lediglich eine ‚spezielle' Theorie. Er zeige zwar mögliche, aber keine tatsächlichen Verläufe und scheitere somit ebenfalls daran, eine zuverlässige wirtschaftspolitische Handlungsgrundlage zu liefern.[117]

[114] Vgl. auch Lowe (1969a), S. 11.

[115] Lowe im Interview: Greffrath (1989), S. 157 f.

[116] Auch Schumpeter bezeichnet die wirtschaftswissenschaftlichen Begriffskonstruktionen als „widerrechtlich von der Mechanik entliehen". Schumpeter (1965) (II), S. 1174.

[117] Vgl. Lowe (1984a), S. 17, 19, 77, 244; Zinn (1986), S. 110.

In Bezug auf die fehlende Verifizierbarkeit moderner Theorien äußert sich der Ökonom James Tobin ähnlich: Solange wir uns über die Verhaltensweisen der Konsument:innen „im unklaren sind, erweist sich die Modellkonstruktion eher als ein Zweig der Mathematik und Logik denn als ein wirksames Instrument einer empirischen Wissenschaft“[118]. Aufgrund der sich historisch verändernden Umweltbedingungen müsse man Lowe zufolge heute die Frage stellen, wie sich Newton wohl verhalten hätte, wenn die Kometenbahnen und Gezeiten der Meere vom Gravitationsgesetz abgewichen wären?[119] Es sei folglich an der Zeit, die naturwissenschaftliche Analogie in der Wirtschaftswissenschaft auf den Prüfstand zu stellen.

2.4 Wirtschaftswissenschaft ist Sozialwissenschaft

Wie Lowes historischer Überblick offenlegt, spiegeln wirtschaftliche Handlungen außerwirtschaftliche Druckfaktoren und Werte wider, die von der gesellschaftlichen Ordnungsform abhängen und sich damit in Raum und Zeit wandeln. Die Auffassung, dass „klassische, neoklassische und marxistische Theorien des Marktes, ganz zu schweigen von den späteren Entwürfen einer sozialistischen Wirtschaft, unterschiedliche Formen nicht nur sozialer, sondern auch technischer Organisation beschreiben“[120], formuliert Lowe bereits früh, u. a. in seinem Werk *Economics and Sociology. A Plea for Co-Operation in the Social Sciences* aus dem Jahr 1935.[121] Demnach definiert er Marktsysteme als „umfassende sozialwirtschaftliche Phänomene“[122].

[118] „We do not know which basic assumptions about the behaviour of the strategic decision-making units are empirically relevant. Until we do, model-building will be a branch of mathematics and logic rather than a powerful tool for an empirical science.“ James Tobin: *Research on Full Employment and Inflation.* Memorandum prepares for the Social Science Research Concil, July 1953. Zitiert nach: Koopmans, Tjalling Charles (1957): *Three Essays on the State of Economic Science.* New York/Toronto/London: McGraw-Hill Book Company, S. 209. Übersetzung nach Lowe (1984a), S. 19.

[119] Vgl. Lowe (1984a), S. 77.

[120] Ebd., S. 7 f.

[121] Löwe (2003).

[122] Lowe (1984a), S. 8.

Trotz allem spreche ein Argument für die Übernahme der naturwissenschaftlichen Analogie. Eine wirtschaftliche Tätigkeit enthalte in allen Organisationsformen, d. h. sowohl im amerikanischen Kapitalismus als auch im sowjetischen Kommunismus[123], einen „*technologischen Kern*“[124], der durchaus Ähnlichkeiten zum biologischen Stoffwechsel aufweise. Gemeint ist der Kreislauf zwischen Einsatz und Ertrag.[125]

Doch dürfe bei dieser Gleichstellung, so Lowe, nicht übersehen werden, dass sich wirtschaftliche Systeme „offener“[126] verhalten als physikalische. Ein Windstoß verändere zwar die Richtung eines fallenden Körpers, aber keineswegs Galileis Gesetz.[127] Als sich die Schwerkraft als universal, konstant und unabhängig herausstellte, konnte „Newton von einer Untersuchung ihrer ‚Ursachen‘ wohl absehen“[128].

In der Wirtschaftswissenschaft, die belebte Partikel zum Forschungsgegenstand hat, sei ein solches additives Verfahren realitätsfern. Ein:e Ökonom:in habe keine Möglichkeit, elementare Bewegungsgesetze außerhalb des Wirtschaftskreislaufes zu testen.[129] Stattdessen könnten exogene Einflüsse, wie zum Beispiel die Einführung eines Zolls oder ein Erdbeben, die Handlungsmaximen und Erwartungen der Marktsubjekte verändern.[130] Vom ersten Tag an habe das Zusammentreffen mit Freitag Auswirkungen auf die wirtschaftliche Aktivität Robinson Crusoes.[131] Wörtlich heißt es bei Lowe:

> „[E]s gibt im Prinzip kein exogenes Ereignis, das nicht die endogenen Kräfte, welche die wirtschaftlichen Handlungen bestimmen, modifizieren könnte. Dabei ist es entscheidend, daß in jeder gesell-

[123] Vgl. Lowe (1984a), S. 34.

[124] Lowe (1984a), S. 42. Hervorhebung im Original.

[125] Vgl. ebd., S. 20, 34, 42.

[126] Lowe (1969a), S. 9 f. Übersetzung der Verfasserin.

[127] Vgl. Lowe (1984a), S. 79.

[128] Lowe (1984a), S. 81.

[129] Vgl. Lowe (1969a), S. 9.

[130] Vgl. Lowe (1984a), S. 79 f.

[131] Vgl. ebd., S. 34.

schaftlichen Wirtschaft die endogenen Kräfte selbst gesellschaftlich bedingt sind."[132]

In der Wirtschaftswissenschaft seien theoretische Verallgemeinerungen und Voraussagen nur unter Einbeziehung von Umweltfaktoren möglich – jedenfalls solange wir es mit Menschen zu tun haben und nicht mit Robotern, so Lowe.[133] Für die Spontaneität menschlicher Entscheidungen lasse sich „in der Welt der Natur kein Gegenstück finde[n]"[134].

Ökonomie besitze folglich sowohl eine technologische als auch eine soziologische Dimension, und nur wer beide Seiten gleichwertig berücksichtigt, betreibt Lowe zufolge eine Wissenschaft vom Wirtschaften.[135] Mit dieser Einstellung widersetzte er sich der damals „weitverbreitete[n] Lehrbuch-Neoklassik"[136] und mahnt vor allem diejenigen Fachkolleg:innen „zur Vorsicht"[137], die den Homo oeconomicus mit den „Elektronen der modernen subatomaren Physik"[138] auf eine Stufe stellen. Eine ‚reine' Ökonomik entziehe sich jeder empirischen Relevanz. Die Wirtschaftswissenschaft hantiere nicht mit einem „hydraulische[n] System"[139], sondern sei „in einem mehr als trivialen Sinne Sozialwissenschaft"[140]. Neben den Zukunftsprognosen sei eine stetige

[132] Ebd., S. 80 f.

[133] Lowe (1969a), S. 30.

[134] Lowe (1984a), S. 48; vgl. auch ebd., S. 39 (Fn. 17). „Moreover, the system is a collective human creation and cannot be autonomous in the sense required of a natural scientific object." Oakley (1987), S. 14.

[135] Vgl. Lowe (1984a), S. 42.

[136] Hagemann (1997a), S. 319.

[137] Lowe (1984a), S. 47.

[138] Ebd., S. 61; vgl. etwa Stigler, George J. (1952): *The Theory of Price.* New York: Macmillan, S. 148 f.; Friedman, Milton (1953): The Methodology of Positive Economics. In: *Essays in Positive Economics.* Chicago: The University of Chicago, S. 3–43; Machlup, Fritz (1960): Operational Concepts and Mental Constructs in Model and Theory Formation. *Giornale degli Economisti e Annali di Economia*, Sept–Oct, S. 553–583. In: *Methodology of Economics and other Social Science.* New York/San Francisco/London: Academic Press 1978, S. 159–188.

[139] Lowe (1984a), S. 80.

[140] Ebd., S. 9.

Analyse der Gegenwart nötig, um die Veränderungen einbeziehen zu können.[141]

2.5 Die Politische Ökonomik

Eine zentrale Aussage Lowes lautet zusammenfassend, dass sich die seinerzeit vorherrschenden ‚positiven' ökonomischen Methoden in einer „Sackgasse"[142] befinden. Die „Eckpfeiler"[143] der Theorie – namens Maximierungsziel (mikro-ökonomische Entscheidungen) und Gleichgewicht (makro-ökonomisches Wirtschaftsziel) – seien nicht nur „schmal zubehauen"[144], sondern angesichts der modernen westlichen Volkswirtschaften, die sich in Mischsysteme gewandelt hätten, nicht (mehr) zeitgemäß.[145]

Zeitlebens lautete sein Forschungsziel, die Wirtschaftstheorie an die moderne Situation anzupassen sowie eine nützliche Informationsquelle und Handlungsgrundlage für eine erfolgreiche Wirtschaftspolitik zu schaffen. Lowe stimmt mit den neoklassischen Grundannahmen insofern überein, dass individuelle Freiheit, Selbstbestimmung und eine optimale Versorgung die obersten Ziele einer Wirtschaftsgesellschaft seien – doch können seinen Analysen zufolge die autonomen Marktbewegungen hierfür nicht genügend Sicherheiten gewährleisten.[146] Lowe bezeichnet es als das „liberale Paradox"[147], dass die modernen Marktprozesse statt eines „new realm of freedom"[148] zunehmende Unbeständigkeiten aufweisen.[149] Ähnlich wie Keynes hält er

[141] Vgl. ebd., S. 67.

[142] Ebd., S. 113; vgl. auch Lowe (1969a), S. 12.

[143] Lowe (1984a), S. 57.

[144] Ebd.; vgl. auch ebd., S. 110.

[145] Vgl. ebd., S. 49, 105. „What is more difficult to demonstrate, having become for this reason the target of a good deal of criticism, is my contention that, on the one hand, these premises did depict the actual state of affairs in early capitalism, and on the other hand, they do not do so today." Lowe (1969a), S. 11 f.

[146] Vgl. Krohn (1996), S. 130; Lowe (1967a), S. 142.

[147] Lowe (1984b), S. 31.

[148] Lowe (1969a), S. 14.

[149] Vgl. Lowe (1984a), S. 104 f., 349 f.

staatliche Stabilisierungsmaßnahmen bei wachsenden Immobilitäten und schwindenden Ausweichmechanismen für nötig, um den Markt als System der allgemeinen Versorgung zu sichern.[150] Doch, wie bereits erläutert, gelang im Grunde auch Keynes keine neue Methode.

2.5.1 Auf der Suche nach einer neuen Methode

Während Lowe in den 1920er und 1930er Jahren eine Erweiterung der konventionellen Verfahrensweisen um eine „unabhängige Variable"[151] noch für möglich hielt, wurde er in den darauffolgenden Jahren immer skeptischer.[152] Eine Erweiterung des analytischen Apparates auf das soziale, kulturelle, politische und technologische Umfeld eröffne neue Probleme. Erstens würde dieses Forschungsprogramm auf „den Versuch hinaus[laufen], den Gesamtverlauf der Menschheitsgeschichte zu erklären"[153]. Zu welchem Zeitpunkt wirkten welche Umweltfaktoren? Wie beeinflussten sie den ökonomischen Kernprozess? Doch selbst wenn solche Detailstudien möglich wären, und das ist Lowes zweiter Einwand, würde daraus aufgrund der ständigen Wandlungen noch immer keine allgemeingültige Theorie resultieren.[154] Da die vorherrschende hypothetisch-deduktive Methode aber auf der Beobachtung und Systematisierung von „Teilchen"[155] basiere, d. h. die Suche nach Gesetzmäßigkeiten zu den „ultimate tools of explanation and prediction in the natural science"[156] gehöre, sah sich Lowe, wie er in der *Politi-*

[150] Vgl. ebd., S. 104 f.; vgl. auch Lowe im Interview: Dönhoff/Greffrath (1988), S. 43.

[151] Löwe, Adolf (1926): Wie ist Konjunkturtheorie überhaupt möglich? In: *Wirtschaftliches Archiv. Zeitschrift des Instituts für Weltwirtschaft und Seeverkehr an der Universität Kiel.* Hrsg. v. Bernhard Harms. 24. Band. Jena: Verlag von Gustav Fischer, S. 188. Lowe versuchte, den technischen Fortschritt theorieendogen einzubetten. Genauere Ausführung vgl. Wiechel-Kramüller (2021), S. 34.

[152] Vgl. Lowe (1984a), S. 7 f.

[153] Ebd., S. 111.

[154] Vgl. ebd.

[155] Lowe (1971), S. 577. Übersetzung der Verfasserin. Vgl. auch Lowe (1984a), S. 121.

[156] Lowe (1971), S. 575 f.

schen Ökonomik beschreibt, vor einem „Dilemma“[157]. Das Problem rühre an die „Wurzeln der Wirtschaftspraxis“[158].

Anders als die deutsche Historische Schule oder der amerikanische Institutionalismus gab Lowe allerdings die Suche nach einer praktisch brauchbaren Wirtschaftstheorie nicht auf, sondern arbeitete an einem methodischen Paradigmenwechsel.[159] Um die dringlichsten Probleme unserer Zeit – wie wirtschaftliche Instabilitäten, Arbeitslosigkeit und, wie er im Nachwort ergänzt, auch die ökologische Zerstörung (siehe Kapitel 4.1) – bewältigen zu können, müsse der „Gordische Knoten“[160] in der wirtschaftswissenschaftlichen Theorie gelöst werden.[161]

2.5.2 *Das Ende des sozialen Fatalismus*

Neben dem Wohlstandswachstum, dem technologischen Fortschritt und den staatlichen Fürsorgemaßnahmen zeichne sich das 20. Jahrhundert noch durch einen weiteren beachtlichen Aspekt aus: Wissen und Informationen könnten sich mehr und mehr über alle gesellschaftlichen Schichten hinweg ausbreiten. Wo in der Vormoderne Mythen, Aberglaube und Resignation dominierten, überwiegen in der modernen, zunehmend säkularisierten Gesellschaft rationales Denken und Neugierde. Was einst unverständlich war und „einfach ‚geschah‘“[162], wird heute weitestgehend verstanden oder erscheint zumindest verständlich und kann aktiv gestaltet werden. Natürlich reiche dieser Transformationsprozess weit in die Aufklärungsepoche zurück, doch habe es vor allem im 20. Jahrhundert einen Quantensprung gegeben, so Lowe.[163]

[157] Lowe (1984a), S. 8; vgl. auch Lowe (1969a), S. 3.

[158] Lowe, Adolph (1965): *Politische Ökonomik.* Amerikanischer Originaltitel „On Economic Knowledge“ (Harper & Row, Publishers, New York). Ins Deutsche übertragen von H. Wilhelm. Frankfurt am Main: Europäische Verlagsanstalt, Klappentext.

[159] Vgl. Lowe im Interview: Greffrath (1989), S. 159; Krohn (1996), S. 135.

[160] Lowe (1984a), S. 113.

[161] Vgl. Lowe (1984a), S. 8, 366.

[162] Lowe (1971), S. 568. Übersetzung der Verfasserin.

[163] Vgl. ebd., S. 567 f.

Bis weit ins 19. Jahrhundert galten etwa Hunger, Krankheiten und Kriege als gottbestimmte Schicksale. Diese jahrtausendealte Geisteshaltung, dass soziale Prozesse außerhalb unseres Zugriffs liegen, d. h. aus unpersönlichen Kräften oder ‚Gesetzen' resultieren, die man zwar beobachten und interpretieren, aber nicht ändern könne, herrschte, wie Lowe berichtet, noch als er jung war.[164] Vor allem die Orientierung der klassisch-neoklassischen Theorien an den naturwissenschaftlichen Instrumenten und ihre Ignoranz gegenüber den Konjunkturschwankungen seien vor diesem Hintergrund verständlich und legitim.[165] Solange die Umwelt als autonom betrachtet wurde und die Haltung des „sozialen Fatalismus"[166] die gesellschaftliche Wirklichkeit bestimmte, schritten diese wirtschaftswissenschaftlichen Verfahrensweisen „mit vollem Recht"[167] voran.

Mit der modernen Phase sind zunehmend menschliche Entscheidungen an die Stelle des „reinen Schicksals"[168] getreten. Bei Lowe heißt es: „Endlich als Ausgangspunkt der meisten dieser Veränderungen treffen wir auf die auflösende Macht der Wissensverbreitung – der Kritik unterwerfend, was bisher als absolute Wahrheit oder unauflösliches Geheimnis galt."[169] Statt passiven Beobachtens und Hinnehmens ist der Mensch nun in der Lage, die soziale Wirklichkeit mitzugestalten. Er verfügt über die Fähigkeiten, sein Verhalten selbst zu bestimmen, sich Ziele zu setzen und damit sein Leben bewusst zu formen.[170] Auch ermögliche der wissenschaftliche Fortschritt, wirtschaftliche Fehlleistungen mit bestimmten Techniken zu verhindern oder ihnen entgegenzuwirken.[171] Somit nähere sich die moderne Ära

[164] Vgl. ebd., S. 566.

[165] Vgl. ebd., S. 574 ff.

[166] Ebd., S. 576. Übersetzung der Verfasserin.

[167] Ebd. Übersetzung der Verfasserin.

[168] Ebd., S. 568. Übersetzung der Verfasserin. „Wir sind durch die technische Entwicklung an einen Punkt geraten, an dem wir aus der Unterworfenheit unter einen anonymen Mechanismus heraustreten können. Dies ist eine große Wende." Lowe im Interview: Greffrath (1989), S. 164.

[169] Lowe (1984b), S. 28.

[170] Vgl. ebd.

[171] Vgl. Lowe (1971), S. 567.

viel mehr „jener radikalen Freiheit, die als laisser-faire fälschlicherweise dem 19. Jahrhundert zugeschrieben wird."[172]

Doch eröffne diese Erweiterung der menschlichen Fähigkeiten und Freiheiten auch ein neues Ausmaß an Destruktionspotenzialen. Die Dialektik der modernen Situation zeige sich darin, dass die neue Technologie sowohl Massenwohlstand als auch Massenvernichtung ermögliche. Mit der Moderne öffnete sich der Zukunftshorizont.[173] „For better or worse, *there is no alternative to accepting the challenge of the new era.* We have eaten of the tree of knowledge and must now be sustained or poisoned by its fruits."[174]

Die Herausforderung bestehe nun darin, so Lowe, uns „die neuen Schranken selbst [zu] errichten."[175] Selbst das Nichtstun sei von nun an ein zu verantwortender Akt.[176]

2.5.3 Die Schrittfolge der Politischen Ökonomik

Lowe sieht die Wirtschaftswissenschaft folglich ab dem 20. Jahrhundert auf mehreren Gebieten reif für eine neue Methodik. Nicht nur seien die konventionellen Prämissen überholt, auch das „social universe"[177] habe eine neue Emanzipationsstufe erreicht.[178] Tatsächlich bildete sich im Zeitraum der modernen Phase unter verschiedenen Bezeichnungen eine neue wirtschaftstheoretische Orientierung heraus. Zu nennen sind etwa die Operationsforschung, die Entscheidungstheorie – und die von Lowe vorgelegte Analysemethode der Politischen Ökonomik: die *Instrumentalanalyse*. Grob zusammengefasst haben all diese Versuche die Umkehr des bisherigen Ursache-Wirkungs-Verhältnisses in das heuris-

[172] Lowe im Interview: Dönhoff/Greffrath (1988), S. 43.

[173] Vgl. Lowe (1971), S. 568; Lowe (1984b), S. 27–30.

[174] Lowe (1971), S. 568. Hervorhebung im Original.

[175] Lowe (1984b), S. 30.

[176] „Even doing nothing, or outlawing the further advance of our capabilities, would be as much an act of invention as exploiting our newfound capacities to the utmost." Lowe (1971), S. 568.

[177] Ebd., S. 575.

[178] Vgl. Lowe (1984b), S. 28.

tische Ziel-Mittel-Verhältnis gemeinsam.[179] Das Besondere an dem Lowe'schen Modell ist die „untrennbare"[180] Korrelation zwischen theoretischer Analyse und (politischer) Praxis sowie die Fokussierung auf angemessene Anpassungspfade und zieladäquate Verhaltensmuster.[181]

Zu betonen ist, dass es Lowe um eine methodische Ergänzung der bisherigen Wirtschaftstheorie geht, da seiner Meinung nach eine vorhersagende Kraft fehlt.[182] Sein Verfahren operiert auf drei im Folgenden erläuterten Ebenen und soll „den ökonomischen Abläufen der realen Welt den Mindestgrad an Ordnung […] verleihen, ohne welchen theoretische Generalisierungen undenkbar"[183] seien.

2.5.3.1 Schritt 1: Die politische Zielsetzung

Neben der Beobachtung der Anfangsbedingungen (konventionelle Methode) postuliert die heuristische Methode einen erwünschten Endzustand. In welcher Gesellschaft wollen wir leben? Was sind unsere Ziele? Wo wollen wir hin? Die Makroziele, einschließlich qualifizierender Kriterien[184], müssen von politischen Instanzen formuliert werden – daher auch die Bezeichnung ‚Politische Ökonomik'.[185] Welches Mindestmaß an Arbeitslosigkeit ist vertretbar? Welche Wachstumsrate wird angestrebt? Welche Ziele in den Bereichen Erziehung, Verteilung, „Konservierung der Naturschätze"[186] und Verteidigung sind ge-

[179] Vgl. Lowe (1971), S. 576 f.

[180] Lowe (1969a), S. 26. Übersetzung der Verfasserin.

[181] Vgl. Krohn (1996), S. 133 ff.; Lowe (1969a), S. 27 f.

[182] Vgl. Lowe (1969a), S. 2. Es existieren weiterhin Eigendynamiken im Wirtschaftssystem, für die die konventionellen Beobachtungen unverzichtbar sind. Nur bieten diese aus Lowes Sicht alleine „keine Bürgschaft mehr […] für die Verwirklichung irgend eines Wohlfahrtszieles". Lowe (1967a), S. 142. Vgl. auch Lowe (1984a), S. 112.

[183] Lowe (1984a), S. 8.

[184] Vgl. Lowe (1984a), S. 181 f.

[185] Vgl. Lowe im Interview: Greffrath (1989), S. 159; Lowe (1967a), S. 141.

[186] Lowe (1984a), S. 162.

boten? Da es bei diesem ersten Schritt um die „Lebenserfüllung“[187] und damit um Werturteile geht, fällt dieser Aufgabenbereich für Lowe nicht in die Wirtschaftswissenschaft, sondern in den Bereich der Soziolog:innen und Philosoph:innen (vgl. eingehende Untersuchung in den Kapiteln 2.5.6 und 3).[188]

2.5.3.2 Schritt 2: Die Ausarbeitung der Anpassungspfade

Die eigentliche wirtschaftswissenschaftliche Analyse setze erst mit dem zweiten Schritt ein. Welche Bedingungen müssen erfüllt sein, um die festgelegten Ziele zu erreichen? Wie kann das System auf einen entsprechenden Pfad geführt und dort gehalten werden? Welche öffentlichen Maßnahmen und Anreize wären zielführend?[189] Lowe unterteilt die Instrumentalanalyse in zwei Komponenten: die „Strukturanalyse“, die sich hauptsächlich auf die produktionstechnischen Beziehungen (Produktion, Beschäftigung, Investitionen etc.) konzentriert, und die „Motor“- oder „Force“-Analyse, die sich den Erwartungen, Motivationsstrukturen und Verhaltensweisen der Wirtschaftssubjekte wid-

[187] Colm, Gerhard (1969): Die heillose Wissenschaft und das „Summum Bonum“. Bemerkung zu Adolph Lowes „Politische Ökonomik“. In: *Hamburger Jahrbuch für Wirtschafts- und Gesellschaftspolitik.* Hrsg. v. Heinz-Dietrich Ortlieb, Bruno Molitor und Werner Krone. 14. Jahr. Tübingen: J.C.B. Mohr (Paul Siebeck), S. 224; vgl. auch Lowe (1984a), S. 343.

[188] Vgl. hierzu auch Oakley (1987), S. 16. Was Lowe riet, wurde wenig später ähnlich im „Gesetz zur Förderung der Stabilität und des Wachstums der Wirtschaft“, dem Stabilisierungsgesetz der Bundesrepublik Deutschland (1967), auch bekannt unter der Bezeichnung „Magisches Viereck“ (stetiges Wachstum, annähernde Vollbeschäftigung, niedrige Inflation und stabile Währung nach außen), unter Federführung des damaligen Wirtschaftsministers Karl Schiller (SPD) festgesetzt. Vgl. Hochstätter, Matthias (2008): *Karl Schiller. Eine wirtschaftspolitische Biografie.* Saarbrücken: VDM Verlag Dr. Müller, S. 164 f. Allerdings geschah dies – so Krohn – unabhängig von Lowes Überlegungen. Krohn (1996), S. 133. Schiller studierte bei Löwe in Kiel und Frankfurt am Main. Er folgte Löwe im Wintersemester 1931/32 und im Sommersemester 1932 nach Frankfurt. Vgl. Hochstätter (2008), S. 41.

[189] Vgl. Lowe (1984a), S. 182, 280 ff., 337, 356.

met.[190] Das Verfahren ist folglich in erster Linie regressiv ausgerichtet und sucht nach geeigneten Systempfaden.[191] Entscheidend ist, dass Lowes Instrumentale Analyse ohne festgelegte Verhaltens- und Motivationsmuster auskommt. Stattdessen gelten diese als Unbekannte, die stets variieren und damit immer wieder aufs Neue unter Einbeziehung der soziologischen und politischen Umwelt zu analysieren sind.[192] Lowes Methode arbeitet somit nicht mehr hypothetisch-deduktiv, sondern instrumental-deduktiv.[193]

2.5.3.3 Schritt 3: Die administrative Umsetzung

Im dritten Schritt geht es um die administrative Umsetzung der (wirtschafts-)politischen Maßnahmen. Das Spektrum reiche von steuerlichen Anreizen, Sanktionen, Preis-, Lohn- oder Investitionskontrollen bis hin zu Bildungsmaßnahmen und Einflüssen auf das kulturelle Klima.[194] Heute ist in der verhaltensökonomischen Forschung der Begriff „nudging“[195] gebräuchlicher. Voraussetzung für die Erreichung der erwünschten Zustände sei jedoch, wie Lowe stets betont, das Einverständnis der Betroffenen. Die Maßnahmen müssen von den Gesellschaftsmitgliedern „verstanden und gebilligt werden.“[196] (Vgl. auch Kapitel 4.3.) Dass Lowe einen besonderen Analysefokus auf die Kompatibilität zwischen makro-ökonomischen Instrumenten und mikroökonomischen Verhaltensweisen (unter weitestgehender Bewahrung persönlicher Freiheit) legt, unterscheide ihn, wie Karl Georg Zinn

[190] Vgl. hierzu Lowe, Adolph (1976): *The Path of Economic Growth.* Cambridge: Cambridge Univ. Press.

[191] Vgl. Lowe (1984a), S. 277, 356.

[192] Vgl. ebd., S. 356; Lowe (1969a), S. 15; Lowe im Interview: Greffrath (1989), S. 159 ff.

[193] Vgl. ebd., S. 184.

[194] Vgl. ebd., S. 172 ff., 182; Krohn (1996), S. 134.

[195] Geprägt wurde dieser Begriff von Richard Thaler und Cass Sunstein. Vgl. Thaler, Richard H. / Sunstein, Cass R. (2009): *Nudge: Wie man kluge Entscheidungen anstößt.* Berlin: Econ.

[196] Lowe (1984b), S. 32.

hervorhebt, von traditionellen interventionistischen Perspektiven.[197] Dies sei die Lowe'sche „soziale Erweiterung"[198]. Vor allem die Bedeutung einer aufgeklärten öffentlichen Meinung, die die Vorteile der gesamtgesellschaftlichen Ziele erkennt, und die Möglichkeit sozialen Lernens seien aus Lowes Sicht nicht zu unterschätzen. In seinen eigenen Worten: „A prime responsibility in this respect falls to economic science."[199]

2.5.4 Zwischenfazit: Lowes Mittelweg

Den Glauben, dass der Erfolg des Liberalismus ausschließlich auf dem Wegfall von Schranken beruhe, bezeichnet Lowe als „grundsätzliches Mißverständnis"[200] und „fatalen Trugschluss"[201]. Zwar seien im 19. Jahrhundert, wie ausführlich im Kapitel 2.1 beschrieben, der Absolutismus durch Verfassungen und der Merkantilismus durch den freien Markt ersetzt worden, d. h. es kam zum Abbau der „persönlichen" Kontrollen beispielsweise durch Monarchen oder Zunftmeister, doch wirkten die exogenen Druckfaktoren (Massenarmut, ungezügelte ökonomische Konkurrenz, viktorianische Haltung etc.), d. h. die „unpersönlichen Zwänge"[202], in ihrer vollen Stärke weiter. Zusammengefasst ist es Lowe zufolge diese „pseudo-mechanische[] Eingleisigkeit"[203] gewesen, die den Marktprozess im weitesten Sinne stabil und damit berechenbar machte.[204] Doch stellte sich dieses ‚Gleichgewicht' der liberalen Ära als „so prekär" heraus wie die „Balance eines tanzenden Kreisels."[205]

Mit der Auflösung der unpersönlichen Schranken ab dem 20. Jahrhundert soll nun der Wohlfahrtsstaat das leisten, worauf der Libera-

[197] Vgl. Zinn (1986), S. 111; Pollock (1967), S. 566.

[198] Zinn (1986), S. 111.

[199] Lowe (1969a), S. 30.

[200] Lowe (1984b), S. 31.

[201] Ebd.

[202] Ebd.; vgl. auch Lowe im Interview: Dönhoff/Greffrath (1988), S. 43.

[203] Lowe (1967a), S. 142.

[204] Vgl. Lowe (1984b), S. 27–31; vgl. auch Lowe im Interview: Dönhoff/Greffrath, S. 42 f.

[205] Lowe (1990), S. 36.

lismus vergeblich gewartet hatte.[206] Der australische Ökonom Allen Oakley beschreibt die moderne Situation folgendermaßen:

> „In a capitalist world of monopoly power, large-scale and technically sophisticated production, significant inflexibilities and immobilities of resources, and potential for collusive practices, the ‚deregulation' concept of ‚freedom' can only be seen as a recipe for a welfare disaster for the majority of people. This form of ‚freedom', lifted as it is out of its original *laissez-faire* setting, is unlikely to provide any humanly reasonable provisioning outcome."[207]

Lowe entwirft seine Instrumentale Analyse folglich vor dem Hintergrund des modernen Emanzipationsprozesses.[208] Eine aktive Gestaltung der Wirklichkeit sei nicht nur möglich, sondern sowohl für die wissenschaftliche Untersuchung als auch für die Stabilität und Sicherung der gesamtwirtschaftlichen Versorgung sowie die Erhaltung eines „lebensfähige[n] Morgen"[209] erforderlich. Unsere einzige Möglichkeit bzw. unser „einziger Ausweg"[210] bestehe darin, Defiziten des Marktmechanismus im demokratischen Prozess entgegenzuwirken.[211] Was Lowe intendiert, ist „eine reformierte kapitalistische Gesellschaft, in der menschlich verwaltete Kontrollen die Funktion übernehmen, die früher unpersönliche Kräfte ausgeübt haben."[212] Wie kann egalitäre Freiheit ohne systemzerstörerische Tendenzen verwirklicht werden? Wie lassen sich politische und wirtschaftliche Stabilisierung bestmöglich vereinbaren? Gibt es einen Mittelweg zwischen individueller

[206] Vgl. ebd., S. 45.

[207] Oakley (1987), S. 4.

[208] „Aber das erstere, daß wir heute den Sozialprozeß nicht mehr passiv hinnehmen müssen, sondern – ich will es überspitzt ausdrücken – daß das ‚Reich der Freiheit' längst angebrochen ist, wenn wir die richtigen Sozialtechniken anwenden, das ist der Kern der instrumentalen Analyse." Lowe im Interview: Greffrath (1989), S. 164.

[209] Lowe (1990), S. 81.

[210] Lowe (1967a), S. 142.

[211] „Sie [die demokratische Planung] muß die Lücke, die der Marktmechanismus hat, schließen und wo er versagt, eintreten, um die Sache wieder in Gang zu bringen." Lowe im Interview: Dönhoff/Greffrath (1988), S. 43; vgl. auch Lowe (1984b), S. 31; Lowe (1984a), S. 8, 118, 182, 349; Lowe (1967a), S. 142.

[212] Lowe im Interview: Dönhoff/Greffrath (1988), S. 44.

Freiheit und gesellschaftlicher Stabilität, zwischen Markt und Plan, zwischen Liberalismus und Sozialismus, Freiheit und Ordnung?[213] Lowe war, wie Harald Hagemann ihn beschreibt, ein „Sozialliberaler“[214] und er gehörte zu den führenden Theoretiker:innen der „mixed economy“[215].

Wie Lowe einige Jahre später, 1988, im Gespräch mit seiner Schülerin Marion Gräfin Dönhoff[216] und Mathias Greffrath verdeutlicht, sei Selbstbeschränkung keineswegs Unfreiheit. Sondern, im Gegenteil, sie sei die Voraussetzung für größere und langfristigere Freiheit.[217] (Vgl. auch Kapitel 4.3.) Wörtlich sagt er:

> „Meine analytische Grundthese ist, daß eine Wechselwirkung besteht zwischen individueller Freiheit und gesellschaftlicher Stabilität. Was meine ich damit? Individuelle Freiheit setzt Überleben auf einem bestimmten Niveau der Zivilisation voraus. Ein solches Überleben aber ist nur möglich in einer stabilen Gesellschaft. Und eine stabile Gesellschaft in Freiheit ist nur möglich, wenn eine gewisse Konformität des individuellen Verhaltens gesichert ist.“[218]

Als Zwischenfazit lässt sich außerdem festhalten, dass das Lowe’sche Modell den Bereich der Makroziele verallgemeinert und um die Ziel-

[213] Vgl. Lowe (1984a), S. 365; Lowe im Interview: Dönhoff/Greffrath (1988), S. 42; Lowe im Interview: Greffrath (1989), S. 164; Hagemann, Harald (2016): Adolph Lowe (1893–1995). In: *Handbook on the history of economic analysis. Volume 1: Great economists since Petty and Boisguilbert.* Hrsg. v. Gilbert Faccarello und Heinz D. Kurz. Cheltenham (UK)/Northampton (MA, USA): Edward Elgar Publishing, S. 514; Lowe (1990), S. 81.

[214] Hagemann, Harald (2021): Das Prinzip Verantwortung: Adolph Lowes Politische Ökonomik. Rezension zu Fenja Wiechel-Kramüller (2021): Adolph Lowe als Wirtschaftsphilosoph. Von der Kieler Schule zur Politischen Ökonomik, Kiel/Hamburg: Wachholtz Verlag. In: *Zeitschrift für Wirtschafts- und Unternehmensethik (zfwu)* 22/3, S. 494.

[215] Ebd.; Hagemann (1999), S. 396.

[216] Marion Gräfin Dönhoff studierte Volkswirtschaft in Frankfurt bei Lowe. Vgl. Dönhoff (2000): „… so wurde ich fast unmerklich zu einem kritischen Weltbürger erzogen.“ Laudatio für Adolph Lowe. In: *Forschung Frankfurt: das Wissenschaftsmagazin der Goethe-Universität*, Nr. 18 (3), S. 144; Krohn (1996), S. 180.

[217] Vgl. Lowe im Interview: Dönhoff/Greffrath (1988), S. 43; Lowe (1984b), S. 32.

[218] Lowe im Interview: Dönhoff/Greffrath (1988), S. 43.

adäquatheit erweitert. Während sich Keynes vordergründig auf die Vollbeschäftigung konzentriert, geht es Lowe um systemnähere, die Gesellschaft bereichernde Interventionen.[219] (Vgl. auch Kapitel 4.3.1.4.) Noch einmal in Lowes Worten:

> „Der übliche Einwand lautet: Durch diese öffentliche Nachfrageerzeugung werden Investitionen gemacht, von denen sich her, wenn die Konjunktur wieder greift, herausstellt, daß sie ganz unnütz sind und außerdem Folgekosten verursachen. Keynes war der Meinung, es komme gar nicht darauf an, ob es eine nutzlose Investition sei. Wenn wir heute Pyramiden bauen würden, käme es nur darauf an, daß beim Bau Arbeiter beschäftigt würden, die Einkommen beziehen und die Nachfrage stimulieren. Aber man kann ja auch Sinnvolleres machen."[220]

2.5.5 Ursprung und Zukunft der Politischen Ökonomik

Immer wieder betont Lowe, dass er mit seiner Politischen Ökonomik im Grunde keine neuartige Theorie liefere. Vielmehr sehe er seine Aufgabe in einer systematischen Formulierung der wichtigsten Tendenzen in der zeitgenössischen Wirtschaftstheorie und -praxis.[221] Zwar stehe sein Verfahren im Gegensatz zur orthodoxen Lehre, doch lasse sich der „Versuch, den wirtschaftlichen Kernprozeß auf die maßgebenden Faktoren der soziopolitischen Umwelt zu beziehen"[222], bis in die antik-mittelalterlichen und klassisch-philosophischen Anfänge der Ökonomik zurückverfolgen (vgl. Kapitel 2.1 und 2.1.1). Vor allem Adam Smith, David Ricardo und Karl Marx befänden sich näher an der „kapitalistischen ‚Realität'"[223] und seien gesellschaftlich inte-

[219] Vgl. Lowe (1969a), S. 16; Pollock (1967), S. 565.

[220] Lowe im Interview: Dönhoff/Greffrath (1988), S. 43.

[221] Vgl. Lowe (1984a), S. 274 f.; Lowe, Adolph (1969b): Economic Means and Social Ends: A Rejoinder. In: *Economic means and social ends. Essays in Political Economics.* Hrsg. v. Robert L. Heilbroner. Englewood Cliffs, New Jersey: Prentice-Hall, S. 168.

[222] Lowe (1984a), S. 274.

[223] Oakley (1987), S. 11. Übersetzung der Verfasserin.

grierter als ihre neoklassischen Nachfolger.[224] Im weiteren Verlauf der theoriegeschichtlichen Entwicklung sei dieser „Nexus zwischen endogenen und exogenen Faktoren“[225] immer weiter aufgelockert worden. Spätestens mit der Grenznutzenschule habe sich die positive Wissenschaft endgültig von allen normativen Werturteilen abgekoppelt.[226] Mit der Politischen Ökonomik versucht Lowe, die „Bruchstücke“[227] des ursprünglich breiten Spektrums an Variablen wieder aufzunehmen, zu vervollständigen und zu systematisieren.[228] Er schreibt:

> „So betrachtet, können die historischen Ansätze zu einer Politischen Ökonomik und ihres instrumentalen Verfahrens als Versuche gedeutet werden, die Lücken der nachklassischen Doktrin zu schließen. [...] Noch kürzer ausgedrückt, versucht die Politische Ökonomik, durch einen Akt der Zielsetzung und die daraus abgeleitete Funktionskontrolle des Marktes das zu erreichen, was sich nach klassischer Vorstellung für Theorie und Praxis aus den automatischen Rückkoppelungsmechanismen ergeben sollte.“[229]

Auch betrachtet er seine Ansätze bei Weitem nicht als abgeschlossen. Er liefere lediglich „Bausteine“[230], die nun immer weiter systematisch konstruiert und stets an die veränderte Realität angepasst werden müssten.[231] Vor dem Hintergrund der Probleme und Herausforderungen unserer Zeit hätten die Denker:innen und Praktiker:innen der nächsten Generationen noch viel Arbeit zu leisten.[232]

Ein flüchtiger Blick auf die Wirtschaftspolitik Skandinaviens, Hollands oder Frankreichs in der Nachkriegszeit vermittele jedoch den Eindruck, dass die praktische Erprobung in vollem Gange ist und dass

[224] Vgl. ebd., S. 11; Lowe (1967a), S. 143.

[225] Lowe (1984a), S. 275.

[226] Vgl. ebd.; Lowe (1967a), S. 135, 138.

[227] Lowe (1984a), S. 274.

[228] Vgl. ebd.

[229] Ebd., S. 276.

[230] Ebd., S. 274.

[231] Vgl. ebd., S. 274 f.

[232] Vgl. Lowe (1990), S. 148; Lowe (1969a), S. 32.

die Lehren der Politischen Ökonomik, wenn auch noch weitgehend unformuliert, Anwendung finden.[233]

2.5.6 Lowes Anmerkung zur Rechtfertigung der Ziele

Im letzten Kapitel der *Politischen Ökonomik* wendet sich Lowe nochmals dem ersten Schritt, den Zielsetzungen zu.[234] Bislang lag sein Fokus vornehmlich auf dem zweiten, aus seiner Sicht ökonomischeren Schritt. Während sich zeitgenössische Ökonom:innen stärker auf die technische Analyse eines gewollten Endzustandes konzentrierten, legte Lowe seinen wissenschaftlichen Schwerpunkt auf die angemessenen Entwicklungspfade und zielgerechten Verhaltensmuster.[235] Doch bevor dieser theoretische Schritt überhaupt erreicht werden kann, muss, wie im Kapitel 2.5.3.1 ausgeführt, eine praktisch-politische Phase vorgeschaltet werden. Der Herausforderungen und vor allem der Zielkonflikte, die diese „Vorarbeit der Instrumentalen Analyse“[236], wie er sie nennt, mit sich bringt, ist sich Lowe mehr als bewusst.[237]

Zwar erfordere die neue Situation der Moderne die Einführung von speziellen Zielsetzungen, um der „Vielfalt von offenen Möglichkeiten“ [238] Inhalt zu verschaffen, doch eröffne sie genauso grundlegende Fragestellungen: Nach welchen Kriterien entscheiden wir überhaupt? Auf welche Wissensgrundlage stützt sich unsere Wahl?[239] Für die Lage, dass sich Zielhierarchien verschiedener Personengruppen konträr gegenüberstehen, gebe es keine wissenschaftliche Lösungsmethode.[240] Diese Diskussionen beinhalteten bedeutsame (sozial-)philosophische Fragen, die erst gesellschaftlich erörtert und dann politisch entschieden werden müssten. Da sie den Bereich der Werteurteile und Normen

[233] Vgl. Lowe (1969a), S. 34.

[234] Vgl. Lowe (1984a), S. 337–348. Lowe verwendet die Ausdrücke „Makroziel“, „Zwecke“, „finales Ziel“ und „Endzustand“ synonym. Vgl. ebd., S. 340.

[235] Vgl. Krohn (1996), S. 135.

[236] Lowe (1969a), S. 34. Übersetzung der Verfasserin.

[237] Vgl. ebd.

[238] Lowe (1967a), S. 141.

[239] Vgl. Lowe (1971), S. 568, 576.

[240] Vgl. Lowe (1984a), S. 343; Oakley (1987), S. 19.

betreten[241], habe er hierzu, wie Lowe schreibt, aus der Sicht eines Ökonomen an sich „nichts beizutragen“[242].

Für den Anfang und als Beispiele aus didaktischen Gründen legt Lowe in der *Politischen Ökonomik* den Schwerpunkt auf die Makroziele „Stabilisierung“ und „Gleichgewichtiges Wachstum“.[243] Auf lange Sicht sei jedoch eine schrittweise Entwicklung eines komplexeren und detaillierteren Zielsystems nötig.[244] Kriterien für die Auswahl einer Zielmatrix zu liefern, sei vor allem der Forschungsgegenstand philosophischer Studien.[245] Die Instrumentalanalyse hat Lowe zufolge „damit nichts zu tun.“[246] Seine Worte sind deutlich:

> „Zur Rechtfertigung solcher Zielsetzungen haben wir uns an den *politischen Philosophen* zu wenden. So lange es keine Wahl gab, konnte man praktisch ohne sein Urteil auskommen. In der modernen Wohlstandsgesellschaft wird er zum Schiedsrichter.“[247]

Auch der zeitgenössische Volkswirt Gerhard Colm schließt sich an dieser Stelle Lowes auf Max Weber zurückzuführende Auffassung des sogenannten „wissenschaftlichen Werterelativismus“[248] an.[249] Entscheidend ist, dass Lowe zwar die disziplinäre Unterscheidung betont, sich

[241] Vgl. Lowe (1984a), S. 340.

[242] Ebd., S. 343; Lowe im Interview: Greffrath (1989), S. 160.

[243] Lowe (1984a), S. 289 f., 345. In den 1960ern sah er bei diesen Bestrebungen einen größtmöglichen Konsens. Sie „begünstigen alle zu niemandes Nachteil“ (ebd., S. 346). Später, im 1977 hinzugefügten Nachwort der zweiten Auflage, wird er diese Annahme allerdings revidieren (vgl. Kapitel 4.1).

[244] Vgl. Oakley (1987), S. 21.

[245] Vgl. Lowe (1969a), S. 18; Lowe (1971), S. 578.

[246] Lowe im Interview: Greffrath (1989), S. 160.

[247] Lowe, Adolph (1967a), S. 141. Hervorhebung im Original.

[248] Lowe (1984a), S. 340 (Fn. 5). Zu Lowes Erörterung zum „Wertbegriff“ in einer „‚wertfreien‘ Seinswissenschaft“ siehe Lowe (1967a); vgl. auch Lowe (1969b), S. 193; Lowe, Adolph (1966): Letter to Hans Jonas, July 11-21; July 29 – Aug 4. 52 pages + 1. Unpublished Manuscript. In: Nachlass Adolph Lowe. State University of New York at Albany (SUNYA). Adolph Lowe Papers, 1915–1996 (Box 3, Folder 47) Digitalisiert online verfügbar: https://archives.albany.edu/concern/daos/kd17db53n?locale=en (Stand: 15. Mai 2023), S. 36.

[249] Vgl. Colm (1969), S. 224.

aber im Rahmen seiner Politischen Ökonomik für eine bewusstere und engere interdisziplinäre Zusammenarbeit einsetzt. So heißt es:

> „Offenbar kann […] die scharfe Trennung zwischen dem positiven und dem normativen Gesichtspunkt nicht länger aufrecht gehalten werden. […] Der Augenblick ist gekommen für die *bewußte Verbindung positiven und normativen Verfahrens*, oder besser für die Unterstellung der *theoretischen Analyse unter normative Prinzipien*, eine Aufgabe, die eines modernen Aristoteles würdig wäre.“[250]

[250] Lowe (1967a), S. 143. Hervorhebung im Original.

3. Der wirtschaftsphilosophische Diskurs zwischen Adolph Lowe und Hans Jonas

3.1 Hans Jonas als Versuchskaninchen (Lowes Brief, Juli 1966)

Knapp ein Jahr nach der Veröffentlichung der *Politischen Ökonomik* richtet sich Lowe in einem mehr als fünfzig Seiten langen Brief, den er während eines Sommerurlaubs im Juli 1966 in Vermont verfasst, an seinen *New School*-Kollegen und Freund[251] Hans Jonas.[252] Der Brief sei ein Experiment und er habe ihn als sein „guinea pig"[253] ausgewählt. Jonas sei keineswegs verpflichtet, ihm zu antworten. Vordergründig gehe es Lowe darum, seine Gedanken zu sortieren und einen imaginären Zuhörer zu haben.[254] Wenn sich Lowe nun in die Sphäre der moralischen und politischen Philosophie begibt, solle Jonas nachsichtig mit ihm sein. Vielleicht sei dieser Brief anregend. Zumindest sollte er wohl aber Jonas' Blutdruck erhöhen.[255]

Lowe beschäftigt es sehr, dass er zwar die modalen Regeln und Instrumente für zieladäquate Entwicklungspfade thematisiert habe, aber nicht die notwendigen ethischen Standards und Normen für das wirtschaftliche Handeln.[256] Wie Claus-Dieter Krohn schreibt, ging Lowe seit Mitte der 1960er Jahre auf „philosophische[] Exkursionen zur

[251] Vgl. Lowe (1966): Letter to Hans Jonas, unpublished, S. 2; Jonas, Hans (1974): Socio-Economic Knowledge and Ignorance of Goals. In: *Philosophical Essays. From Ancient Creed to Technological Man.* Chicago/London: The University of Chicago Press, Widmung und S. 81 (Fn. 1).

[252] Lowe (1966): Letter to Hans Jonas, unpublished; vgl. auch Krohn (1996), S. 149, 153–155.

[253] Lowe (1966): Letter to Hans Jonas, unpublished, S. 1.

[254] Vgl. ebd., S. 1, 4.

[255] Vgl. ebd., S. 36.

[256] Vgl. Krohn (1996), S. 149.

Abrundung der Politischen Ökonomik“[257]. Auch wenn das Problem nicht von der Wirtschaftswissenschaft gelöst werden könne, gibt er zu, dass es sein Denken leite.[258]

Lowe beschreibt Jonas seine Sicht auf die scheinbar „immer dunkler werdende[] Welt“[259]. Vor dem Hintergrund der Gefahren der ungezügelten technischen Entwicklung behandelt er das Spannungsverhältnis von Sein und Sollen, das auch Jonas’ Arbeiten zugrunde liegt.[260] Die technischen Fortschritte waren ursprünglich „major weapons in a global struggle for material und spiritual emancipation“[261]. Doch mit dem 20. Jahrhundert sei eine Schwelle überschritten worden, sodass nun auch das Gegenteil von Freiheit und Emanzipation hervorgerufen werde. Auf der einen Seite führe die moderne Technik zur Wohlstandsvermehrung, aber auf der anderen Seite eben auch zu wachsender sozialer und politischer Indifferenz.[262] Lowe verwendet den Begriff „Totalitarismus“[263] nicht als Gegenbegriff, sondern als eine immanente Möglichkeit in der Entwicklung westlicher Demokratien.[264] Warum er diese Risiken nicht in der *Politischen Ökonomik* behandelt hat, begründet er mit den Worten:

> „[…] I refused to set any absolute standards for the determination of economic goals. In reality I adopted the position of scientific value relativism, which denies that values can be established as intersubjectively valid by discursive reasoning. Whether there is any other way of establishing them I did not discuss. As a matter of fact, this problem was very much in my mind at the time, and all my re-

[257] Ebd., S. 157; vgl. auch ebd., S. 149.

[258] „Value absolutists may brush aside such pragmatic considerations, but I must admit that they govern my own thinking as expressed in the concluding chapter of my book.“ Lowe (1969a), S. 35.

[259] Lowe zitiert nach: Krohn (1996), S. 153.

[260] Zu Jonas vgl. Jonas, Hans (2020): *Das Prinzip Verantwortung. Versuch einer Ethik für die technologische Zivilisation.* Erste Auflage. (Erste Ausgabe 1979. Frankfurt am Main: Insel Verlag.) Berlin: Suhrkamp, S. 151 ff.

[261] Lowe (1966): Letter to Hans Jonas, unpublished, S. 20.

[262] Vgl. ebd., S. 31 f.; vgl. auch Krohn (1996), S. 154.

[263] Ebd., S. 31. Übersetzung der Verfasserin.

[264] Vgl. Krohn, S. 154.

cent flirtations with moral and political philosophy can be traced to this origin.“[265]

Unter anderem über Friedrich Schiller und Immanuel Kant macht Lowe das „genuin we“[266] zum Thema des Briefes. Ähnlich wie bereits in seiner frühen Schrift *The Price of Liberty* (1937) geht er der Frage auf den Grund, wie spontane Solidarität entstehen könne. Wie können sich Menschen zu aktiven Gesellschaftsmitgliedern entwickeln? Lowe spricht von einer „spontaneous solidary interrelationship“[267]. Die Schlüsselfrage sei, was all das für konkretes, persönliches und politisches Handeln bedeute.[268] Das „ancient puzzle of ‚quis custodiet ipsos custodes‘“[269] sei mit dem wissenschaftlich-technologischen Fortschritt um einiges komplexer geworden.

3.2 Hans Jonas' wirtschaftsethisches Prolegomenon (1969 und 1974)

Im Februar und März 1968 veranstaltete die *New School for Social Research* in New York anlässlich Lowes *Politischer Ökonomik* zwei interdisziplinäre Symposien: „The Relationship of Economic Theory to Economic Practice“ und „Philosophical Aspects of Political Economics“.[270] Der Lowe-Schüler Robert L. Heilbroner beginnt das Vor-

[265] Lowe (1966): Letter to Hans Jonas, unpublished, S. 36.

[266] Ebd., S. 40. „In other words, I extend, my ‚immanentist‘ view of the world also to the realm of values and norms, and yet I claim that I escape relativism.“ Ebd., S. 37.

[267] Ebd., S. 40; vgl. auch Krohn (1996), S. 155.

[268] Vgl. Lowe (1966): Letter to Hans Jonas, unpublished, S. 52.

[269] Ebd., S. 31. Der lateinische Ausdruck „Quis custodiet ipsos custodes?“ stammt von dem römischen Dichter Juvenal und lässt sich übersetzen mit „Wer überwacht die Wächter?“.

[270] „The Relationship of Economic Theory to Economic Practice“ am 9./10. Februar 1968 und „Philosophical Aspects of Political Economics“ am 29./30. März 1968. Neben Hans Jonas waren unter den Referent:innen: Aron Gurwitsch, Ernest Nagel, Abraham Edel, Fritz Machlup, Abba P. Lerner, Carl Kaysen und Henry C. Wallich. Daniel Bell, Ernst Bloch, Paul A. Samuelson, Albert O. Hirschman, Tjalling C. Koopmans, Hans Staudinger, Harry Frankfurt und Hannah Arendt saßen unter anderem unter den Teilnehmenden. Siehe Heilbroner, Robert L.

wort des dazu erschienenen Sammelbandes *Economic means and social ends. Essays in Political Economics* (1969) mit den Worten: „For one thing, one does not often finds economists discussing philosophy or philosophers discussing economics, or, for that matter, economists and philosophers talking each other at all.“[271]

Auf der zweiten Tagung hielt Hans Jonas einen Vortrag unter dem Titel *Economic Knowledge and Critique of Goals.*[272] Er sei gebeten worden, sich zum Thema der Zielsetzungen zu äußern, das sich am Rande der Wirtschaftswissenschaft befinde, aber, wie er wisse, ein persönliches Anliegen Lowes sei.[273] Er beschreibt das Forschungsinteresse wie folgt:

> „In a […] symposium […], held in honor of a distinguished economist [Adolph Lowe], I was given the task of commenting on a subject that hovers somewhat on the margin of the economist's scientific interest, as ‚scientific' is nowadays understood, but which cannot fail to be central to his personal concern: the cognitive status of ‚end' and, correlatively, the possible ‚objective' validation of the choices which economic policy must make among them to set the terminal goals of its planning.“[274]

Mit kleinen Änderungen, aber inhaltlich gleichbleibend[275], veröffentlichte Jonas diesen Beitrag fünf Jahre später noch einmal in seinen *Philosophical Essays* (1974)[276], die er Lowe mit den Worten „For Adolph Lowe. My Watchful Critic and Friend“[277] widmet. Wie er in

(Hrsg.) (1969): *Economic means and social ends. Essays in Political Economics.* Englewood Cliffs, New Jersey: Prentice-Hall, S. 201–204.

[271] Heilbroner (1969), S. vii.

[272] Jonas, Hans (1969): Economic Knowledge and the Critique of Goals. In: *Economic means and social ends. Essays in Political Economics.* Hrsg. v. Robert L. Heilbroner. Englewood Cliffs, New Jersey: Prentice-Hall, S. 67–87. Vgl. auch Jonas (1974), S. 81 (Fn. 1).

[273] Vgl. Jonas (1969), S. 68; Jonas (1974), S. 81 f.

[274] Jonas (1974), S. 81 f.

[275] Vgl. Ebd., S. 81 (Fn. 1).

[276] In den Philosophical Essays (1974) lautet der Titel *Socio-Economic Knowledge and Ignorance of Goals*, d. h. Jonas ergänzte „Socio-“ und tauschte „Critique“ durch das etwas schärfere Wort „Ignorance“ aus.

[277] Jonas (1974), S. V.

einer Fußnote anmerkt, habe dieser Aufsatz viel mit den geschriebenen und ungeschriebenen Ideen Lowes zu tun. Jonas' tiefe Verbundenheit mit seinem Denken bleibe trotz jeder Kritik, die durch die Verfolgung des gemeinsamen theoretischen Ziels angeregt werde, unvermindert bestehen.[278]

3.2.1 Jonas' Zurückweisung und Modifikation der Fragestellung

Dass Lowe – obwohl er sich dessen bewusst ist, dass sich mit der Moderne die Wahlfreiheit vergrößert und Entscheidungen neue Reichweiten erlangen, die Kriterien für Zielsetzungen umso notwendiger machen – seiner eigenen Wissenschaft auf diesem Gebiet die Befugnis abspricht, kritisiert Jonas.[279] Während Lowe in ökonomischer Bescheidenheit argumentiert, Urteile über das Wohlergehen der modernen Gesellschaft seien „explicit business"[280] der Philosoph:innen, müsse Jonas seinen Freund leider direkt zu Beginn enttäuschen. Im Namen der Philosophie müsse auch er die Bescheidenheit erwidern und die „großzügig zugestandene Kompetenz"[281] zurückweisen.

Zwar sei die Fragestellung nach einer Wissenschaft des ‚Guten' und des ‚Schlechten' oder des ‚Besseren' und ‚Schlechteren' für den Menschen uralt, doch rate die historische Erfahrung deutlich von der Erwartung ab, dass Philosoph:innen ein ‚summum bonum' oder eine absolute Werteskala aufzeigen können.[282]

Aus Jonas' Sicht dürfe nicht zugelassen werden, dass sich die Wirtschaftswissenschaft die „Hände in Unschuld wäscht"[283] und die Verantwortung an die Philosophie auslagert. Aufgrund der Unvoreingenommenheit können Philosoph:innen höchstens freier über Prinzipien nachdenken und Ökonom:innen darauf aufmerksam machen, dass

[278] Vgl. ebd., S. 81 (Fn. 1).

[279] Vgl. Jonas (1969), S. 67 f.

[280] Lowe, Adolph (1967b): The Normative Roots of Economic Values. In: *Human Values and Economic Policy. A Symposium*. Hrsg. v. Sidney Hook. New York: New York University Press, S. 178.

[281] Jonas (1969), S. 68. Übersetzung der Verfasserin.

[282] Vgl. ebd., S. 68 f.

[283] Ebd., S. 69. Übersetzung der Verfasserin.

die Grenzen ihrer Disziplin nicht so eng sind, wie sie mit ihren aktuellen Praktiken annehmen.[284] Lowes Enthaltsamkeit sei aus Jonas' Sicht ein Mitbringsel aus dem von ihm selbst kritisierten Positivismus des 19. Jahrhunderts.[285]

Jonas reicht die Aufgabe folglich wieder zurück an Lowe: „Thus, returning the compliment, the philosopher returns the task where it belongs: to economic knowledge itself."[286] Da im modernen Zeitalter ein ‚Nein' essentieller werde als ein ‚Ja', können Ökonom:innen zumindest in Bezug auf das, was nicht sein sollte, d. h. welche Ziele abgelehnt werden sollten, mitreden. Jonas' erste Intention mit diesem Beitrag ist demzufolge, die Konzeption der Wirtschaftswissenschaft über die restriktive Auffassung ihrer rein faktischen oder instrumentellen Zuordnung hinaus zu erweitern.[287]

In einem zweiten Schritt modifiziert Jonas Lowes Fragestellung dahingehend, dass die Schwierigkeit aus seiner Sicht nicht, wie von Lowe angenommen, in der Bestimmung der Kriterien für die Zielauswahl liege, sondern vielmehr darin, unter den neuartigen Bedingungen totaler und globaler Auswirkungen gültige Voraussagen zu treffen. Da wir den von uns geplanten und spezifizierten Endzustand in seiner vollen Tragweite nicht mit Sicherheit kennen können, sei die Metaphysik auf diesem Gebiet nicht besser dran als die Ökonomik. Wenn das Ausmaß vollständig bekannt wäre, könnten wir auch rational beurteilen und über Reihenfolgen entscheiden, doch stattdessen seien die Prognosen ungenau.[288] Aus Jonas' Perspektive sei somit „letzten Endes die gelenkte und ‚kontrollierte' Alternative kognitiv kaum besser als die ‚automatisch' sich selbstverwirklichende."[289]

Jonas betont allerdings, dass sich seine skeptische Argumentation auf die langfristigen, großräumigen Zielperspektiven beziehe. Das „Paradoxon"[290] bestehe darin, dass wir über Zielsetzungen entscheiden müssen, die wir zum Zeitpunkt der Gegenwart nicht genau abschätzen

[284] Vgl. ebd., S. 69.

[285] Vgl. ebd., S. 67.

[286] Ebd., S. 69.

[287] Vgl. ebd., S. 69.

[288] Vgl. ebd., S. 69 f.

[289] Ebd., S. 70. Übersetzung der Verfasserin.

[290] Ebd., S. 71. Übersetzung der Verfasserin.

können. Für Jonas ist dies Anlass genug, der Wirtschaftstheorie und -politik eine eher „warnende“ anstatt „instrumentelle“ Rolle zuzuschreiben.[291]

3.2.2 Die Unterscheidung zwischen Zielen und Werten

Zunächst differenziert Jonas zwischen Zielen bzw. Zwecken und Werten. Lowe vermische diese, dabei seien sie keineswegs dasselbe.[292] Ein Hammer existiere, um zu hämmern, ein Verdauungstrakt, um zu verdauen und auf diese Weise den Organismus am Leben und in einer guten Verfassung zu halten, man gehe zu Fuß, um irgendwo hinzugelangen, und ein Gericht tage, um Recht zu sprechen. Die Zwecke stehen unabhängig von subjektiven Werturteilen, d. h. davon, ob es beispielweise ein guter oder ein schlechter Hammer ist. Es ist möglich, dass ich den Hammer nicht benutzen möchte oder dass ich von der Gerechtigkeit der Gerichte wenig halte, trotzdem muss ich die Ziele objektiv anerkennen.[293]

Im Unterschied zum Hammer, der ohne Hämmern existieren kann, wäre jedoch ein Gerichtshof ohne Rechtsprechung sinnlos. Beim Gerichtshof handele es sich um eine „menschliche Institution“[294], die allein durch ihre Kausalität am Leben gehalten werde. In dieselbe Kategorie fällt Jonas zufolge auch die Wirtschaft. Sie sei ein vom Menschen eingerichtetes System mit dem inhärenten Ziel, die Versorgung einer Gesellschaft zu sichern.[295] Auch in der Ökonomik herrsche Einigkeit über diese „primary provisioning task“[296].

[291] Vgl. ebd., S. 70 f. Übersetzung der Verfasserin.

[292] Vgl. ebd., S. 71.

[293] Vgl. ebd., S. 71 f.

[294] Ebd., S. 74. Übersetzung der Verfasserin.

[295] Vgl. ebd., S. 74 f.

[296] Ebd., S. 75.

3.2.3 Jonas' Kritik an der traditionellen Wirtschaftslehre

Mit der wissenschaftlich-technologischen Fortschrittsdynamik habe sich die Realität „radikal"[297] gewandelt: „[…] we live in an era of enormous and largely irreversible consequences of human action."[298] Die neue Machtfülle des Menschen rücke eine neuartige Dimension von „Verantwortung"[299] in den Vordergrund, die, so Jonas, auch die wirtschaftswissenschaftliche Theorie in ihrer normativen Kompetenz herausfordere.[300] Aus seiner Sicht sei die traditionelle Wirtschaftslehre nicht nur ungeeignet und unzeitgemäß, weil ihr, wie von Lowe diagnostiziert, eine soziale Komponente fehle (Robinson Crusoe-Modell), sondern auch weil es ihr an einer zeitlichen Dimension, d. h. an einem Verantwortungsbewusstsein für die Zukunft mangele.[301] Laut Jonas ist ‚Verantwortlichkeit' der ökonomischen Theorie normativ eingeschrieben.[302]

3.2.4 Zwei normative Prinzipien der wirtschaftlichen Sphäre

Jonas erinnert daran, dass das Wirtschaftsleben auf der biologischen Tatsache beruht, dass der Mensch vom Stoffwechsel lebt und somit ein bedürftiges Geschöpf ist. Bei der organischen Existenz handele es sich um eine grundsätzliche Selbstbejahung des Seins.[303] Auf den zweiten Blick gebe es aber noch eine zweite biologische Komponente, ohne die keine Wirtschaft möglich wäre: die Fortpflanzung und Versorgung des Nachwuchses.[304] Bei Jonas heißt es:

[297] Ebd., S. 78. Übersetzung der Verfasserin.

[298] Ebd.

[299] Ebd., S. 77. Übersetzung der Verfasserin.

[300] Vgl. ebd., S. 76.

[301] Vgl. ebd., S. 76 f.; Böhler, Dietrich/Herrmann, Bernadette (2017): *Hans Jonas. Das Prinzip Verantwortung. Zweiter Teilband: Tragweite und Aktualität einer Zukunftsethik.* Lizenzausgabe für die WBG. Freiburg i. Br./Berlin/Wien: Rombach Verlag KG, S. XXVII.

[302] Vgl. Jonas (1969), S. 77.

[303] Vgl. ebd., S. 76.

[304] Vgl. ebd., S. 77.

> „[…] ‚provisioning‘ requires ‚providence‘: i.e., looking and planning ahead. […] ‚Let us eat and drink, for tomorrow we are dead,’ is a perfectly eligible maxim for mortals without a future; but with newborns rising and the unborn waiting in the wings, the ‚we‘ has an indefinite time spread, and ‚tomorrow‘ means an ever extending future.“[305]

Da die Wirtschaftstheorie die Bejahung der Subjekte impliziert, müsse sie folglich auch die Zukunftsverantwortung mit einbeziehen.[306] Friedrich Schiller habe diese beiden Kräfte in dem Gedicht *Die Weltweisen* auf den Punkt gebracht: „Einstweilen bis den Bau der Welt / Philosophie zusammenhält, / Erhält sie [scil. Natur] das Getriebe / Durch Hunger und durch Liebe.“[307] Zusammenfassend lautet Jonas’ These, dass Verantwortung, genauso wie Eigennutz, ein innerökonomisches Prinzip darstellt. Ihm zufolge gehören beide gleichermaßen zum Wesen der wirtschaftlichen Sphäre und seien a priori.[308]

Da das „Prinzip Verantwortung“[309] mit dem modernen, technologischen Zeitalter immer mehr an Bedeutung gewinne, sei es nun an der Zeit, dass auch Ökonom:innen – vor allem wenn es um die Beurteilung von Wirtschaftspolitik und die Auswahl von Zielen gehe – ihm einen präskriptiven Status zuerkennen.[310]

Jonas vermutet jedoch, dass sich Ökonom:innen gegen diese Annahmen sträuben werden. Die Behauptungen über Bedürfnisse und Eigeninteressen, die eine lange, traditionelle Stellung in der ökonomischen Theorie genießen, werden sie kaum bestreiten. Doch vermutlich werden sie dazu neigen, die Verantwortlichkeit als eine aus der moralischen Sphäre importierte Kategorie zu betrachten, die nicht in der

[305] Ebd., S. 76 f.

[306] Vgl. ebd., S. 77.

[307] Schiller, Friedrich (1957): Die Weltweisen. Die Taten der Philosophen (1795). In: *Gesammelte Werke in fünf Bänden.* Hrsg. v. Reinholf Netolitzky. Dritter Band. Dramatische Dichtung III. Gedichte. Eschwege: C. Bertelsmann Verlag, S. 425; siehe auch Jonas (1974), S. 93 (Fn. 6).

[308] Vgl. Jonas (1969), S. 76 f., 78 f.

[309] In diesem Aufsatz schreibt Jonas erstmals vom „principle of responsibility“. Jonas (1969), S. 80. Übersetzung der Verfasserin. Vgl. auch Böhler/Herrmann (2017), S. XIX. Vgl. auch Kapitel 4.2 dieser Arbeit.

[310] Vgl. Jonas (1969), S. 77.

Ökonomie an sich beheimatet sei und damit keinen wissenschaftlichen Anspruch auf normative Verwendung habe. Auch wenn sie vielleicht zustimmen werden, dass der Mensch hoffe, dass er und seine Kinder am Leben bleiben, werden sie mit hoher Wahrscheinlichkeit verantwortliches Handeln zu den unterschiedlichen mikroökonomischen Motivationen zählen.[311]

Dennoch müssen auch Ökonom:innen zugeben, dass diese Pflicht historisch gesehen der Ursprung des wirtschaftlichen Zwecks war.[312] Jonas argumentiert:

> „The initial economic unit, the family, owes its rationale to the rearing of the young; no economic order of any elaboration could conceivably have evolved without it (or some equivalent social arrangement) or, once evolved, make sense without continuing devotion to its own regenerative perpetuity."[313]

Darüber hinaus, als „Trost für die Positivist:innen"[314], ergänzt Jonas, dass das ‚Eigeninteresse', d. h. der Selbsterhaltungstrieb, letztendlich nicht weniger „mysteriös oder ‚irrational'"[315] sei als die Sorge um die Nachkommenschaft.[316]

3.2.5 Jonas' wirtschaftsethischer Imperativ

Für die praktisch-politische Entscheidungsfindung oder -prüfung kristallisiere sich unter den neuartigen Umständen der Moderne eine „relevant, nontrivial, and highly topical rule"[317] heraus. Ihre positive Formulierung könne lauten: „Act so that the effects of your action are compossible with the permanence of an economic order"; oder in der negativen Variante für eine kritische Anwendung: „Act so that the ef-

[311] Vgl. ebd., S. 77 f.

[312] Vgl. ebd., S. 78.

[313] Ebd.

[314] Jonas (1974), S. 93. Übersetzung sowie gendergerechte Sprache der Verfasserin.

[315] Ebd. Übersetzung der Verfasserin.

[316] Vgl. ebd.

[317] Jonas (1969), S. 79.

fects of your action are not destructive of the possibility of economic life in the future"; oder „einfach" ausgedrückt: „Do not compromise the conditions for an indefinite continuation of some viable economy".[318]

Dieser neue apriorische Imperativ erinnere an den Kategorischen Imperativ von Immanuel Kant, doch betont Jonas einige entscheidende Unterschiede. Bei Kants Ethik handele es sich um eine *hypothetische* Universalisierung sowie um einen Test für eine *private* Entscheidung. Jonas hingegen intendiert ein imaginäres, kausal verbundenes *Kollektiv*. Zudem sei die Universalisierung bei ihm keineswegs hypothetisch, sondern beziehe sich auf einen tatsächlichen Wirkungsbereich: Wie wird sich die gegenwärtige Handlung auf den Fortbestand einer lebensfähigen Wirtschaft *auswirken*? Bei Kant fehle dieser erweiterte räumliche und zeitliche Horizont der Moderne. Jonas macht es sich zur Aufgabe, diese ethische „Leere"[319] zu schließen.[320] Die durch die technologisch-kapitalistische Dynamik ausgelöste Sorge motiviert ihn zur Ausarbeitung einer neuen (Wirtschafts-)Ethik. (Vgl. auch Kapitel 4.2.)

3.2.6 Industrielles Wachstum vs. ökologische Krise

In der konkreten Anwendung bezieht sich dieser Imperativ auf unsere Interaktion mit der im weitesten Sinne verstandenen ‚Natur', d. h. sowohl mit der belebten und unbelebten Umwelt als auch mit der menschlichen Natur.[321] Da unser wirtschaftliches Streben diese in einem „noch nie dagewesenen Umfang" beeinflusse und in eine „zunehmende Tiefe" stürze, könne sich, Jonas zufolge, jede:r „selbst ein Bild davon machen", vor welchen Problemen wir stehen und welcher Fragen sich Ökonom:innen annehmen sollten.[322]

Jonas zitiert den US-amerikanischen Biologen Barry Commoner, der bereits in den 1960er Jahren vor einer „ökologischen Krise" warnte,

[318] Ebd.

[319] Ebd. Übersetzung der Verfasserin.

[320] Vgl. ebd., S. 79 f., 81.

[321] Vgl. ebd., S. 80. Der Mensch gehört selbst zu den „wirtschaftlichen Ressourcen", die intakt und funktionsfähig gehalten werden müssen. Ebd., S. 81. Übersetzung der Verfasserin.

[322] Ebd., S. 80. Übersetzungen der Verfasserin.

auf die dieser Planet unter unserer Verantwortung zusteuere und „die seine Eignung als Ort für die menschliche Gesellschaft zerstören könnte“. Die Umwelt werde „bis zum Kollaps“ belastet.[323]

Da diese Entwicklungen „zweifellos eine wirtschaftliche Ursache und eine wirtschaftliche Endwirkung“ haben, sollten Ökonom:innen diese Thematik dringend auf ihre wissenschaftliche Agenda setzen. Auf der einen Seite haben wir das durchaus machbare und wünschenswerte Ziel industriellen Wachstums, aber auf der anderen Seite eben auch den sich verstärkenden Treibhausgaseffekt. Wenn die Erderwärmung weiter fortschreitet, d. h. die Polkappen schmelzen und der Meeresspiegel ansteigt, dann werde es zu einem „sich selbst beschleunigenden Prozess“ kommen, der in einer „unkalkulierbaren Katastrophe in wirtschaftlicher und anderer Hinsicht“ münden wird.[324]

Aufgrund dieser Aussichten gelte der Imperativ, dass keine Wirtschaftspolitik richtig sei, die im Endergebnis den Hauptzweck jeder Wirtschaft, die Selbsterhaltung des Systems, zunichtemacht. Politische Entscheidungsträger:innen müssen mehr aufbringen als nur korrekte Informationen und klares Denken. Sie müssen die moralische Tugend üben, das Gebot langfristiger Verantwortung über kurzfristige Verlockungen zu stellen.[325] Die Aufgabe wissenschaftlicher Ökonom:innen sei es folglich, über „ihre eigene fortbestehende Möglichkeit“[326] zu wachen und der Politik ein „normatives Verbot“[327] aufzuerlegen. Im wissenschaftlichen Werterelativismus sieht Jonas den „Kardinalfehler“[328] der modernen Wirtschaftslehre.

[323] Barry Commoner zitiert nach: Ebd. Übersetzungen der Verfasserin. Ebenso bedeutsam ist die Pionierarbeit der Biologin Rachel Carson. Vgl. auch Kapitel 4 dieser Arbeit.

[324] Ebd., S. 80 f. Übersetzungen der Verfasserin.

[325] Vgl. ebd., S. 81.

[326] Ebd., S. 80. Übersetzung der Verfasserin.

[327] Ebd., S. 81. Übersetzung der Verfasserin.

[328] Böhler/Herrmann (2017), S. XXII. Liest sich als Anspielung auf Ludwig Wittgensteins „Kardinalproblem der Philosophie“. Wittgenstein im Brief an Bertrand Russell. Russell, Bertrand (1968): *Autobiography of Bertrand Russell.* Vol. II. London: George Allen & Unwin, S. 172; vgl. Lowe (1969b), S. 193 (Fn. 36).

3.2.7 Zwischenfazit: Eine Ethik der Selbstbeschränkung

Spätestens mit der modernen Phase habe sich das Arbeitsgebiet der Wirtschaftswissenschaftler:innen vergrößert. Die Disziplin sei „von Natur aus ‚interdisziplinär'"[329], erklärt Jonas, aber mit den jüngsten Entwicklungen habe sich der Zuständigkeitsbereich bis zu den politischen Zielsetzungen hin erweitert.[330]

Da die „Permanenz echten menschlichen Lebens auf Erden"[331] die Voraussetzung des Wirtschaftens sei, könne eine Ökonomik grundsätzlich nicht wertfrei sein.[332] Lowes Vorgehensweise sei somit lediglich ein Ideal.[333] Jonas zufolge gibt es eine implizite Pflicht, aus der sich Kriterien für die Bewertung ökonomischer Ziele ableiten lassen.[334]

Schlussendlich stelle sich jedoch die Frage, was uns der Imperativ bringe, wenn die Prognosen der endgültigen Auswirkungen unsicher sind. Hierfür sei die einzige Lösung, dass die „Tatsache des Nichtwissens in den Imperativ selbst aufgenommen"[335] werden muss. Anders als die früheren Ethiken fungiere Jonas' Verantwortungsprinzip weniger als positive Handlungsleitlinie und mehr als eine kritische Prüfung, d. h. als ein Prinzip der Zurückhaltung, der Vorsicht und Selbstbeschränkung.[336] Aufgrund der ungewissen Komponente der modernen Phase bleibe uns nur die Weisheit, dass wir die volle Tragweite unseres Handelns nicht kennen, und die Erkenntnis, dass es uns wesentlich leichter fällt, das ‚malum' zu erkennen, als das ‚summum bonum' zu bestimmen.[337] Zusammengefasst in Jonas' eigenen Worten: „Our ‚imperative', founded upon the principle of responsibility, and in its straightforward form supposing our knowledge of conse-

[329] Jonas (1969), S. 83. Übersetzung der Verfasserin.

[330] Vgl. ebd., S. 83 f.

[331] Jonas (2020), S. 38 (erster Imperativ); vgl. auch Böhler/Herrmann (2017), S. XXXI.

[332] Vgl. Jonas (1969), S. 73, 80.

[333] Vgl. ebd., S. 74.

[334] Vgl. Jonas (1974), S. 84.

[335] Jonas (1969), S. 86. Übersetzung der Verfasserin.

[336] Vgl. ebd., S. 78, 83, 86; vgl. auch Böhler/Herrmann (2017), S. XXIII.

[337] Vgl. Jonas (1969), S. 83.

quences, must be adapted to the fact that this responsibility now extends into the unknown.“[338]

In Bezug auf die wirtschaftspolitische Zielsetzung definiert Jonas schlussendlich zwei „Todsünden“[339]. Die erste ist die Einstellung „après nous le déluge“[340] (dt. „Nach uns die Sintflut“) und die zweite ist, unter dem Vorwand der Unwissenheit und der Naivität die Möglichkeit einer Sintflut für unsere Enkelkinder zu riskieren. D. h. eine Haltung nach dem Motto: „Who knows what unforeseen remedies will appear in time?“[341] Das Wissen um unsere Unwissenheit müsse uns zu dem Imperativ führen: „Do not gamble with goals that are too big – and so resist the drift toward them.“[342] Auch spricht Jonas bereits 1968 von einer „gesunden Angst“[343], die uns als ein ratsames Prinzip für normative Entscheidungen dienen könnte. (Vgl. Kapitel 4.2.)

3.3 Adolph Lowes Replik (1969)

In der abschließenden Replik dankt Lowe allen Beteiligten der Symposien für die produktiven Reaktionen auf seine Ideen. Indem sie seinen methodischen Ansatz genau, kritisch und fair unter die Lupe nähmen und die tieferen, politischen und philosophischen Implikationen seiner Position aufzeigten, leisteten sie einen „wichtigen Beitrag“[344] zur Weiterentwicklung der Politischen Ökonomik.[345]

Speziell an Jonas’ Aufsatz lobt er, dass er etwas probiere, was seines Wissens bisher „in keiner anderen philosophischen Abhandlung

[338] Ebd., S. 87. Übersetzung der Verfasserin.

[339] Ebd. Übersetzung der Verfasserin.

[340] Ebd.

[341] Ebd.

[342] Ebd.

[343] „Thus, in the present state of our affairs, and for some time to come, an advisable principle for normative decision may well be healthy fear of our own Promethean power.“ Ebd. Übersetzung der Verfasserin. Diese Ausführung liest sich wie eine Vorstufe der „Heuristik der Furcht“. Jonas (2020), S. 10, 65 f., 381, 409. Vgl. auch Kapitel 4.2 dieser Arbeit.

[344] Lowe (1969b), S. 168. Übersetzung der Verfasserin.

[345] Vgl. ebd.

über die Ökonomie versucht wurde"[346]. Er stimme mit seinem ökonomischen Imperativ und dem Rat zur Vorsicht „völlig überein"[347], doch gebe es einige Prämissen, wie die intrinsische Natur von Versorgung („provisioning") und Vorausschau bzw. Vorsorge („providence") sowie die Behandlung der grundlegenden Pflicht als a priori, denen er widersprechen müsse.[348] Bei dem Versuch, zu Jonas' Thesen Stellung zu nehmen, gerate er in eine „seltsame Zwickmühle"[349].

Aber nicht nur Lowe, sondern auch zeitgenössische Philosoph:innen taten sich mit Jonas' Ausführungen schwer. Abraham Edel, der Kommentator von Jonas' Vortrag, würdigte seine Wachstums- und Kapitalismuskritik, aber mahnte, dass auch übermäßige Angst und Vorsicht folgenschwer sein könnten.[350]

3.3.1 Zu wenig Orientierung für die praktische Wirtschaftspolitik

Zu Beginn betont Lowe, dass Jonas' Imperativ lediglich verdeutliche, was wir *nicht* tun sollen. Das sei auch richtig und wichtig, aber nun fehle uns noch immer eine Orientierung für positive Entscheidungen innerhalb des zulässigen Bereichs.[351] Vor allem wenn es um eine konkrete politische und gesellschaftliche Transformation gehe, helfe uns Jonas' Analyse wenig weiter.[352] (Vgl. hierzu Lowes späteren Gedanken in Kapitel 4.3.7.)

Jonas erläutert zwar, dass sich seine Schlussfolgerungen eher auf langfristige, großräumige und globale Ziele beziehen, doch seien politische Entscheidungsträger:innen, wie Lowe anmerkt, überwiegend mit kurzfristigen Zielwahlen konfrontiert: Ist es ‚besser', die Arbeits-

[346] Ebd., S. 193. Übersetzung der Verfasserin.

[347] Ebd., S. 194. Übersetzung der Verfasserin.

[348] Vgl. ebd. Übersetzung der Verfasserin.

[349] Ebd. Übersetzung der Verfasserin.

[350] Vgl. Edel, Abraham (1969): Ends, Commitments, and the Place of Ignorance. In: *Economic means and social ends. Essays in Political Economics.* Hrsg. v. Robert L. Heilbroner. Englewood Cliffs, New Jersey: Prentice-Hall, S. 89–97; Böhler/Herrmann (2017), S. XXIII f.

[351] Vgl. Lowe (1969b), S. 194.

[352] Vgl. Lowe (1971), S. 580.

losigkeit auf null zu senken, auch wenn dies einen tatsächlichen Preisanstieg um x Prozent bedeutet, der von den Empfänger:innen fester Einkommen zu tragen ist, oder die Preisstabilität aufrechtzuerhalten, auch wenn dadurch die Arbeitslosigkeit über der Marke von y Prozent bleibt? Oder, um ein anderes Beispiel zu nennen, ‚sollte' ein Entwicklungsland den Verbrauch in der Nähe des Existenzminimums halten, um Investitionen und ein schnelles Wachstum zu ermöglichen, oder ‚sollte' die heutige Generation mit einem steigenden Lebensstandard auf Kosten der Verringerung der Gewinne künftiger Generationen begünstigt werden?[353] Jede dieser Entscheidungen falle unter Jonas' „viability"-Norm. Aber wie seien die relativen Vorteile, die den verschiedenen Einkommensgruppen und den verschiedenen Generationen zukommen, zu bewerten? Hierfür reiche Jonas' Kriterienbestimmung nicht aus.[354]

Daneben diagnostiziert Lowe auch in Bezug auf die langfristigen Perspektiven ein Dilemma: Wie verhalten wir uns gegenüber dem technologischen Wandel? Sollte der technische Fortschritt nach Jonas' Imperativ gestoppt werden, um die „human wholeness" und die „humanistic aspects of his well-being"[355] nicht zu gefährden? Die Begriffe werden, so Lowes Urteil, in der praktischen Umsetzung höchst ungenau.[356]

3.3.2 *Zur Aufgabe und Position der Ökonomik*

Lowe stimmt Jonas zu, dass sich der Gesamtzweck wirtschaftlichen Handelns mit den Begriffen „provisioning" und „providence" zusammenfassen lasse. Doch müsse er Jonas widersprechen, dass uns diese Konzepte andere Kriterien liefern als „das *erfolgreiche Funktionieren* der Wirtschaftstätigkeit"[357]. ‚Erfolg' bedeute in diesem Zusammenhang, ‚das Beste' aus einer insgesamt schlechten Situation, nämlich der Verteilung der knappen menschlichen und natürlichen Ressourcen

[353] Vgl. Lowe (1969b), S. 194 f.

[354] Vgl. ebd., S. 193.

[355] Ebd., S. 195.

[356] Vgl. ebd.

[357] Ebd. Hervorhebung im Original. Übersetzung der Verfasserin.

auf unsere Bedürfnisse, zu machen. Und ‚am besten' bedeute ‚am effizientesten', d. h. es könne durchaus auch entgegen allen „humanistischen Verpflichtungen"[358] bedeuten.

Lowe zufolge sollten wir uns von der weit verbreiteten Vorstellung verabschieden, dass wirtschaftliche Aktivitäten mit anderen menschlichen Tätigkeitsbereichen, z. B. vitaler, politischer, (natur-)wissenschaftlicher oder religiöser Natur, gleichzusetzen seien. Während Letztere intrinsische Ziele verfolgten, sei eine wirtschaftliche Handlung lediglich ein Mittel, um andere menschliche Potenziale und Genüsse zu verwirklichen und zu erfüllen. Ökonomie hat nach Lowes Definition einen modalen Status.[359] Es handle sich um „nichts anderes als eine spezielle Technik ohne Eigenwert" und „[n]ur der pervertierte Geist eines Geizhalses" könne, wie er schreibt, „das Wirtschaften zu einem finalen Ziel erheben."[360]

Lowe könne Jonas an dieser Stelle nicht folgen, da er mit seiner Analyse einer solchen Vorstellung von endogenen wirtschaftlichen Zwecken „gefährlich nahe"[361] komme. Nach Lowes Ökonomie-Verständnis gebe es keine Bedürfnisse – auch keine lebensnotwendigen wie Nahrung, Kleidung und Wohnung – die zu Recht als ‚wirtschaftlich' bezeichnet werden könnten.[362] Jede wirtschaftliche Betätigung sei „allen echten Zielen nachgeordnet"[363]. Mit dieser Ansicht schenkt Lowe nicht nur den jahrtausendealten Klagen und Problemen Gehör und „protestiert gegen eine Welt, in der die meisten Chancen auf ein der Verwirklichung echter Ziele gewidmetes Leben für die Mühe und Plage der Mittelbeschaffung geopfert werden muß [sic]"[364], sondern verweist auch seine eigene Disziplin auf einen Platz im „Neben- und

[358] Ebd. Übersetzung der Verfasserin.

[359] Vgl. Lowe (1984a), S. 26, 341; Lowe (1969b), S. 196; „This problem is confronted each day, in one way or another, by all people in their endeavours to survive or achieve any state of material welfare beyond such a minimal outcome." Oakley (1987), S. 4.

[360] Lowe (1984a), S. 26.

[361] Lowe (1969b), S. 195. Übersetzung der Verfasserin.

[362] Vgl. ebd.

[363] Lowe (1984a), S. 26.

[364] Ebd., S. 27.

Hilfsbereich“[365] und damit vor allem hinter die Politik und Philosophie.[366]

Da die wirtschaftliche Tätigkeit an sich intrinsisch neutral sei, gebe es folglich (aus der rein wirtschaftlichen Perspektive) keinen Unterschied, ob eine Kirche oder – man möge ihm den Ausdruck gestatten – Gasöfen für Auschwitz gebaut oder Brot und Schuhe produziert werden. Oder noch zugespitzter formuliert, gehe es beim Wirtschaften gar nicht um die tatsächliche Befriedigung bestimmter Bedürfnisse, sondern um die Überwindung eines Widerstands.[367]

So gerne Lowe Jonas auch zustimmen würde, in Bezug auf die aufkommende ökologische Problematik könne niemand dazu gezwungen werden, Zukunftsverantwortung in sein ökonomisches Handeln einzubeziehen.[368] Die von Jonas festgelegten grundlegenden Ziele „provisioning“ und „providence“ spiegelten ein außerwirtschaftliches „Menü“ wider, jedoch keine apriorischen Prinzipien.[369]

3.3.3 Zur Bedeutung extrinsischer moralischer Normen

Wenn Lowe darauf besteht, dass die Ökonomik lediglich ein „funktionales Kriterium“[370] liefern könne, ist er jedoch weit davon entfernt zu verkünden, dass im Rahmen seiner Disziplin „alles erlaubt“[371] sei. Stattdessen transzendiert er die intrinsische Neutralität der Ökonomik durch einen Appell an extrinsische moralische Normen. Und diese Transzendenz beginne bereits, wenn er versuche zu definieren, was ‚legitime‘ Bedürfnisse sind.[372]

Für Menschen, die am Existenzminimum leben, sind ‚Wahlmöglichkeiten‘ und damit normative Entscheidungen in der Praxis fast ausgeschlossen, da die lebensnotwendigen Bedürfnisse alle verfüg-

[365] Lowe (1969b), S. 196. Übersetzung der Verfasserin.

[366] Vgl. Krohn (1996), S. 136.

[367] Vgl. Lowe (1969b), S. 196 f.

[368] Vgl. Lowe im Interview: Greffrath (1989), S. 178.

[369] Vgl. Lowe (1969b), S. 196.

[370] Ebd., S. 196 f. Übersetzung der Verfasserin.

[371] Ebd., S. 197. Übersetzung der Verfasserin.

[372] Vgl. ebd.

baren Ressourcen beanspruchen. Lowe betont jedoch das Wort „fast", denn auch dort seien „Lebensbejahung" und „Interesse am Sein" zwar kein Apriori des wirtschaftlichen Handelns, doch aber eine „genuine ‚option'"[373]. Erst oberhalb des Existenzminimums würden die Wahlmöglichkeiten immer größer und damit auch die Notwendigkeit von Entscheidungskriterien, die über das funktionale Gebot der Effizienz hinausgehen.[374]

Historisch gesehen seien diese Kriterien im vorherrschenden kulturellen Wertesystem verwurzelt, das nicht nur den legitimen Bereich der Bedürfnisse, sondern auch den der Mittel bestimmt. So sei beispielsweise für eine fromme Person des jüdischen Glaubens Schweinefleisch kein Nahrungsmittel.[375]

Lowe zufolge darf sich ein Wirtschaftssystem nur innerhalb solcher von außen abgesteckten Leitplanken bewegen. Nur so bleibe das wirtschaftliche Agieren „innerhalb der Grenzen des ‚Konstruktiven'"[376] und könne das Kriterium der technischen Effizienz mit dem „humanistic aspect of man's well-being"[377] verbinden. (Vgl. auch Kapitel 4.3.7.)

Hiermit bleibt er bei der in der *Politischen Ökonomik* ausgeführten Position, dass dieses Aufgabenfeld nicht in die Wirtschaftswissenschaft, sondern in die Philosophie, oder genauer gesagt in die philosophische Anthropologie gehöre. Wenn es in unserem Zeitalter nur ein einziges kulturelles Wertesystem gäbe, dann könnten wir uns diese Diskussion sparen. Doch gebe es nun einmal in der westlichen Öffentlichkeit zahlreiche rivalisierende Makroziele, ganz zu schweigen von dem ideologischen Konflikt zwischen Ost und West.[378]

Aus Lowes Sicht verlieren selbst Begriffe wie „humanistic aspect of man's well-being"[379] an Präzision, wenn man beachtet, dass sie auf einem singulären Menschenbild basieren, das sich durch die Vermi-

[373] Ebd. Übersetzungen der Verfasserin.

[374] Vgl. ebd.

[375] Vgl. ebd.

[376] Ebd. Übersetzung der Verfasserin.

[377] Ebd.

[378] Vgl. ebd.

[379] Ebd.

schung des klassischen Erbes mit der jüdisch-christlichen Tradition herausgebildet hat.[380]

Jonas' „Angst und Zittern"[381] könne er gut verstehen. Es sei nicht einfach, mit einer solchen prometheischen Aufgabe konfrontiert zu werden. Aber an wen solle sich eine moderne Gesellschaft auf der Suche nach einer ‚gerechten' Lösung der Zielkonflikte sonst wenden – wenn nicht an die Philosoph:innen?[382]

3.3.4 Lebensfähigkeit und Ordnung

Abschließend muss Lowe noch einen Einwand von Jonas erwidern, der, wenn er in dieser Form stimmen würde, für das gesamte Konzept der Politischen Ökonomik vernichtend wäre.[383] So optimistisch Jonas auch bei der Festlegung der Endkriterien für die Zielsetzung ist, so wird er doch bei ihrer Anwendung zu einem „radikalen Skeptiker"[384]. Aufgrund der unzureichenden Prognosen langfristiger Auswirkungen erklärt er die gelenkten und „kontrollierten" Alternativen als „kognitiv kaum besser" als die „automatisch"[385] eintretenden (vgl. Kapitel 3.2.1).

Lowe folgt an dieser Stelle dem ebenfalls auf dem Symposium vortragenden Ökonomen Fritz Machlup, den weniger unsere Unfähigkeit, die langfristigen Konsequenzen unserer gegenwärtigen Handlungen vorherzusehen, beunruhigte, sondern mehr die Vielzahl alternativer Wege und Verhaltensmuster, über die ein bestimmtes Ziel erreicht und zwischen denen die Wahl nur auf der Grundlage eines Werturteils getroffen werden kann. Anders gesagt: Nach Machlup liegt das Problem nicht im Mangel, sondern in der Fülle unserer kognitiven Erkenntnisse, die es zu lösen gilt, indem wir die Grenzen der positiven Ökonomie überschreiten und in den Bereich dessen vordringen, was er

[380] Vgl. ebd.

[381] Ebd. Übersetzung der Verfasserin.

[382] Vgl. ebd.

[383] Vgl. ebd.

[384] Ebd. Übersetzung der Verfasserin.

[385] Jonas (1969), S. 70; Lowe (1969b), S. 198. Übersetzung der Verfasserin.

„normative Ökonomik" nennt.[386] Obwohl Lowe, wie bereits erläutert, eine normative Ökonomik für eine „wissenschaftliche Fata Morgana"[387] hält, stimmt er Machlup zu, dass die Bereiche der positiven Ökonomik oder der Instrumentalen Analyse überschritten werden müssen, wenn wir Kriterien für solche Entscheidungen finden wollen. Jonas hingegen scheitere von vornherein, weil er die Möglichkeit kognitiver Aussagen über die Mittel bestreite.[388]

Glücklicherweise beschränke Jonas aber seine skeptische Argumentation auf die langfristigen, großräumigen Perspektiven, sodass er letzten Endes aus Lowe Sicht den Weg für die (sich mehrheitlich mit kurzfristigeren Projekten beschäftigende) Politische Ökonomik doch noch frei mache. Natürlich mag auch die nahe Zukunft in Dunkelheit gehüllt sein – doch führe kein Weg daran vorbei, diese durch die Versuch-und-Irrtum-Technik schrittweise zu erhellen. Eine ähnliche Argumentation sei auch in Edels Aufsatz zu lesen, der sich Lowe hiermit anschließe.[389]

Darüber hinaus geht Lowe noch einen Schritt weiter, indem er die These aufstellt, dass seine Politische Ökonomik schlussendlich mit Jonas' Warnungen und seinem Begriff von „viability" übereinstimme. Nach Lowes Auffassung sei Letzteres bloß ein anderer Ausdruck für das, was Lowe mit dem Begriff „Ordnung" definiere. In seinen Worten:

> „I should even go farther and assert that the typical goals that Political Economics stipulates and the typical measures it advocates are in strict conformity with Dr. Jonas' cautionary warning, because they are all in the service of viability, which is only another term for what was defined above as ‚order' in the comprehensive sense."[390]

[386] Vgl. Lowe (1969b), S. 198; Machlup, Fritz (1969): Positive and Normative Economics: An Analysis of the Ideas. In: *Economic means and social ends. Essays in Political Economics.* Hrsg. v. Robert L. Heilbroner. Englewood Cliffs, New Jersey: Prentice-Hall, S. 99–129.

[387] Lowe (1969b), S. 198. Übersetzung der Verfasserin.

[388] Vgl. ebd.

[389] Vgl. ebd.; vgl. Edel (1969).

[390] Lowe (1969b), S. 198 f.

Aus dieser Perspektive wäre es ihm zufolge eine „grobe Fehlinterpretation“[391], wenn wir die sich automatisch selbstverwirklichenden Alternativen mit den geplanten gleichsetzen würden. Wie etwa die Erfahrungen der Großen Depression „mehr als eindringlich“[392] gezeigt hätten, zerstöre ein Laissez-faire die wirtschaftliche Lebensfähigkeit selbst.[393] Auch wenn die politische Kontrolle ein unvollkommenes Instrument sei und bis zu einem gewissen Grad immer bleiben werde, wäre es eine Kapitulation vor einer negativen Eschatologie, wenn wir die Risiken der „natürlichen Auslese“ bevorzugen würden.[394] (Vgl. Kapitel 2.1.3 und 2.5.4.)

3.3.5 Ein moderner Aristoteles für die Wirtschaftswissenschaft

Er würde der Leistung von Jonas’ Arbeit jedoch nicht gerecht werden, so Lowe weiter, wenn seine Erwiderung mit diesen kritischen Worten endete. Wie zu Beginn angedeutet, eröffne Jonas eine Debatte, die sowohl Ökonom:innen als auch Philosoph:innen noch lange beschäftigen werde.[395] Vor einiger Zeit habe er in dem Aufsatz *Die normative Wurzel des wirtschaftlichen Wertes* (1967)[396] geschrieben, dass die Wirtschaftswissenschaft für die Lösung ihrer grundlegenden Probleme einen „neuen Aristoteles“[397] benötige (vgl. Kapitel 2.5.6). Gemeint war hiermit ein:e Philosoph:in, die hinreichend mit den wirtschaftlichen Fragen vertraut ist, um ihr die letzten Normen zu geben. Jonas’ Antwort sei zwar nicht die eines Aristoteles’, doch eröffne er maßgeblich die weite, interdisziplinäre Forschungsperspektive einer Wirtschaftsphilosophie.[398]

[391] Ebd., S. 199. Übersetzung der Verfasserin.

[392] Ebd. Übersetzung der Verfasserin.

[393] Vgl. ebd.

[394] Vgl. ebd. Übersetzung der Verfasserin.

[395] Vgl. ebd.

[396] Lowe (1967a).

[397] Lowe (1969b), S. 199. Übersetzung der Verfasserin. Vgl. Lowe (1967a), S. 143.

[398] Vgl. Lowe (1969b), S. 199; Böhler/Herrmann (2017), S. XXVI f.

4. Die Früchte des intellektuellen Austauschs

Da Lowe und Jonas in den darauffolgenden Jahrzehnten in einem engen Austausch standen, werden die folgenden Kapitel der Einfachheit halber unter die Überschrift „Die Früchte des intellektuellen Austauschs" gefasst.

Hierbei ist jedoch zu Beginn darauf hinzuweisen, dass es nicht nur Jonas war, der Lowe für die ökologische Krise sensibilisierte. Die Klima- und Umweltthematik gelangte im Laufe der 1960er Jahre, wie bereits im Kapitel 3.2.6 ausgeführt, immer mehr auf die (wenn auch vorrangig naturwissenschaftliche) Tagesordnung.[399] Die erste US-amerikanische Umweltdiskussion entfachte die Zoologin und Biologin Rachel Carson 1962 mit ihrem Buch *Der stumme Frühling.*[400] Vor allem aber soll es, wie Lowe 1968 in einem Brief berichtet, der Jurist Geoffrey Vickers gewesen sein, der seinen Blick für diese Gefahren mehr und mehr schärfte.[401] Hinzu kommt, dass auch Lowes Schüler Robert L. Heilbroner für zahlreiche umweltökonomische Publikationen bekannt ist.[402]

[399] In einem Brief vom 14. April 1969 an Arnold Brecht kritisiert Lowe, dass die Ökonomik zum ökologischen Problem nur „Lippenbekenntnisse" abgebe. Nachlass Brecht, State University of New York at Albany (SUNYA). Zitiert nach: Krohn (1996), S. 133 (Fn. 6).

[400] Carson, Rachel (2019): *Der stumme Frühling.* Amerikanische Originalausgabe (1962): *Silent Spring*. Übersetzt von Margaret Auer. 5. Auflage. München: C.H. Beck. Das Werk wurde von der chemischen Industrie bekämpft. Vgl. Böhler/Herrmann (2017), S. XXV.

[401] Vgl. Vickers, Jeanne (1991): *Rethinking the Future. The Correspondence between Geoffrey Vickers and Adolph Lowe.* New Brunswick (USA)/London (UK): Transaction Publishers, S. 51.

[402] Siehe u. a.: Heilbroner, Robert (1950): *What Goes Up the Chimney.* Harper's; Heilbroner, Robert (1973): Ecological Armageddon. In: *From conservation to ecology: The development of environmental concern.* Hrsg. v. Carroll Pursell. New York: Crowell, S. 106-115; Heilbroner, Robert L. (1974): *An Inquiry into*

Insgesamt ist jedoch nicht zu bezweifeln, dass Jonas Lowe moral- und umweltphilosophisch anregte[403] und auch Jonas von Lowe, wie Claus-Dieter Krohn schreibt, „unübersehbare Impulse“[404] erhielt.

4.1 Lowes Erweiterungen der Politischen Ökonomik

Im 1977 veröffentlichten Nachwort der zweiten Auflage der *Politischen Ökonomik* räumt Lowe selbstkritisch ein, dass seine früheren Aussagen zu seinen damals vorläufig festgelegten Makrozielen „Stabilisierung“ und „Gleichgewichtiges Wachstum“ (vgl. Kapitel 2.5.6) „viel zu ‚harmonistisch‘“[405] gewesen seien.[406] In dem ersten Jahrzehnt nach Erscheinen des Buches seien mehrere Hauptprobleme verstärkt zum Vorschein gekommen, auf die er zu wenig hingewiesen habe: die wachsende Bedeutung des öffentlichen Sektors, die globale Ungleichheit und die Notwendigkeit einer „Internationalisierung“ der primären und sekundären Kontrollen sowie die ökologische Bedrohung.[407] (Vgl. auch Kapitel 4.3.)

Es sei keineswegs so, dass er bei der Niederschrift im Jahr 1964[408] „vollkommen blind“[409] für diese Probleme gewesen sei. So hat er durchaus auf die schwindenden Ausweichmechanismen, insbesondere auf die „absehbare Erschöpfung der nachkriegsbedingten Wachstumspotenziale“[410], aufmerksam gemacht. Doch habe er in der Tat in diesen beiden Testfällen Vorteile „für alle“[411] gesehen. Rückblickend gibt Lowe zu, in Bezug auf die Makroziele unpräzise geblieben zu

the Human Prospect. New York: W. W. Norton and Co.; Heilbroner, Robert L. (1992): Vorwort. In: Ekins, Paul: *The Gaia Atlas of Green Economics.* The Gaia future series. 1st ed. New York: Anchor Books.

403 Vgl. Krohn (1996), S. 153.

404 Ebd.

405 Lowe (1984a), S. 364; vgl. auch Lowe im Interview: Greffrath (1989), S. 162.

406 Vgl. Lowe (1984a), S. 349–369.

407 Vgl. ebd., S. 364; Lowe im Interview: Greffrath (1989), S. 162.

408 Vgl. Lowe (1984a), S. 74.

409 Ebd., S. 365.

410 Zinn (1986), S. 109; vgl. auch Lowe (1984a), S. 106 f.

411 Lowe (1984a), S. 365.

sein.[412] Er habe versucht, sich „aus dieser Sache zu ziehen" auf eine Art und Weise, die er „heute […] nicht mehr aufrechterhalte."[413]

Insgesamt ändere diese Neuprüfung der praktischen Ziele, die eine Politische Ökonomik zukünftig verfolgen könne und solle, aber nichts am grundsätzlichen Inhalt der Erstauflage.[414] Im Gegenteil, diese neuesten Entwicklungen verstärkten die wesentlichen Punkte und unterstrichen die diagnostizierte Kluft zwischen Theorie und Wirklichkeit.[415] Besonders die sich immer weiter verschärfende Umweltproblematik stehe den traditionell-wirtschaftswissenschaftlichen Gleichgewichtsmodellen und Maximierungszielen diametral gegenüber.[416] Aus diesen Gründen habe er sich mit der zweiten Auflage gegen eine Neubearbeitung des ursprünglichen Textes entschieden und das Werk lediglich um ein neues Vor- und Nachwort erweitert.[417]

4.1.1 Zur ökologischen Triade

Lowe widmet sich den Problemen der *„ökologische Triade"*[418]: Bevölkerungswachstum, Ressourcenerschöpfung und zunehmende Umweltverschmutzung.[419] (Vgl. auch Kapitel 4.3.1.1.) Besonders in dem Artikel *Is Present-Day Higher Learning ‚Relevant'?* (1971) geht er der Fragestellung auf den Grund, was uns hindert, die Klima- und Umweltkrise zu überwinden und eine „ökologisch ausgewogene Gesellschaft"[420] zu verwirklichen. Er hält nochmals fest, dass in der (Natur-)Wissenschaft und Technologie mittlerweile alles machbar sei (vgl. Kapitel 2.5.2). Hinsichtlich einer „möglichen Klimakatastrophe"[421] habe die

[412] Vgl. ebd.

[413] Lowe im Interview: Greffrath (1989), S. 162.

[414] Vgl. Lowe (1984a), S. 14, 364.

[415] Vgl. ebd., S. 349 (Fn. **).

[416] Vgl. Krohn (1996b), S. 246.

[417] Vgl. Lowe (1984a), S. 14.

[418] Ebd., S. 366. Hervorhebung im Original.

[419] Vgl. ebd.; Lowe, Adolph (1971), S. 569; Lowe (1990), S. 54 f.; Lowe im Interview: Greffrath (1989), S. 162 ff.

[420] Lowe (1971), S. 569. Übersetzung der Verfasserin.

[421] Lowe (1990), S. 11.

Forschung entweder bereits Lösungen gefunden oder sei diesen ganz nah.[422] Die synthetische Chemie mache beispielsweise enorme Fortschritte bei der Substitution der knappen natürlichen Ressourcen und neue Recyclingtechniken böten immer weitere Einsparmöglichkeiten bei den Materialien, die für das Wirtschaftsleben benötigt werden. Auch gebe es, wie Lowe betont, kaum eine Art von Umweltverschmutzung, einschließlich der Wärmestrahlung, für die keine technologischen Auswege, Alternativen oder wenigstens Ideen vorlägen.[423] Aber was ist es, was uns bei der Überwindung der ökologischen Krise im Wege steht – wenn es nicht Wissenschaft und Technologie sind? Welcher Art von Herausforderung steht die Menschheit gegenüber?

4.1.2 Lowes umweltökonomische Berechnung

Oft werde die Wirtschaft als „Sündenbock“[424] angeführt. Weit verbreitet sei das Argument, dass die Kosten einer solchen Transformation ins Unermessliche steigen würden und sie damit schlichtweg zu teuer sei.[425] Um diese These zu prüfen, stellte Lowe im Jahr 1970 Berechnungen am Beispiel der USA an und kam zu dem Ergebnis, dass jährlich bis zum Ende des Jahrhunderts durchschnittlich 100 Milliarden Dollar in den Klima- und Umweltschutz investiert werden müssten. Das BIP der USA betrug damals Schätzungen zufolge drei Billionen US-Dollar und bei etwa 60 Milliarden lag das jährliche Nettowachstum. Lowes Vorschlag lautete, im ersten Schritt die Hälfte des Wachstums, d. h. 30 Milliarden US-Dollar, für die Transformation aufzubringen. Im weiteren Verlauf könnten zehn Milliarden vom US-amerikanischen Militäretat abfließen, und für die restlichen drei Fünftel käme man nicht um eine Verbrauchsreduzierung herum. Allerdings hätte es sich hierbei umgerechnet auf den Pro-Kopf-Verbrauch um eine Reduzierung um weniger als zehn Prozent gehandelt.[426] Es wäre folg-

[422] Vgl. Lowe (1971), S. 569.

[423] Vgl. ebd.; vgl. auch Lowe (1990), S. 91.

[424] Lowe (1971), S. 569. Übersetzung der Verfasserin.

[425] Vgl. ebd.

[426] Vgl. ebd., S. 569 f.

lich kein „Rückfall ins materielle Elend“[427] gewesen, sondern bloß ein Status, bei dem sich eine reiche Wohlstandsgesellschaft mal mit dem zufriedengibt, was sie hat.[428] Grob zusammengefasst wäre es eine Rückkehr zum amerikanischen Wohlstandsniveau der frühen 1960er Jahre, was gewiss kein „Jammertal“[429] war. Mit diesen von Lowe vorgeschlagenen Maßnahmen hätte die angestrebte Transformation in weniger als dreißig Jahren vollzogen werden können.[430]

In der Realität liege allerdings jede auch nur minimale Senkung unseres Lebensstandards in weiter Ferne – allerdings nicht wirtschaftlich, wie diese Analyse offenlegt, sondern vielmehr politisch, sozial und moralisch. Bereits Steuererhöhungen bereiteten politische Probleme, obwohl diese nur ein Bruchteil von dem seien, was ein „ökologischer Imperativ“[431] erfordern würde. Daneben sei unsere Gesellschaft eher bereit, Kriegskosten zu tragen, als einen „war on waste“[432] zu finanzieren. Wörtlich heißt es:

> „Even such a slight reduction of our standard of living is in all likelihood beyond our reach – not our economic reach, as I have just shown, but our political reach, and ultimately the reach of our collective social imagination and moral strength.“[433]

[427] Krohn, Claus-Dieter (1995): Adolph Lowes Resümee eines Lebenswerks. In: *Gesellschaft für Exilforschung*. Nachrichtenbrief 1984 bis 1993 mit Gesamtregister. Band 3. Nr. 12–15 (XII–XV) 1990–1993. Redaktion Ernst Loewy. Nachrichtenbrief Nr. 12 / Dezember 1990. München (u. a.): K. G. Saur, S. 54.

[428] Vgl. Lowe im Interview: Greffrath (1989), S. 169. Im heutigen Nachhaltigkeitsdiskurs ist der Begriff „Suffizienz“ etabliert. Vgl. z. B. Huber, Joseph: Nachhaltige Entwicklung durch Suffizienz, Effizienz und Konsistenz. In: *Nachhaltigkeit in naturwissenschaftlicher und sozialwissenschaftlicher Perspektive*. Hrsg. v. Peter Fritz, Joseph Huber, Hans Wolfgang Levi. Stuttgart: Wiss. Verlagsgesellschaft, S. 31–46.

[429] Ebd.; Dönhoff (2000), S. 146.

[430] Vgl. Lowe (1971), S. 570.

[431] Ebd. Übersetzung der Verfasserin.

[432] Ebd.

[433] Ebd.

Diese bittere Realität spreche er, Lowe, nicht an, um unsere nationale Kurzfristigkeit anzuprangern, sondern um uns eine ernsthafte Chance zu geben, diesen Zustand zu analysieren.[434]

4.1.3 Mangelnde Verantwortungsübernahme für die Zukunft

Hinter unserer mangelnden Bereitschaft, uns in der Gegenwart zu einem gewissen Grad selbst zu beschränken, um eine lebenswerte Zukunft zu erhalten, verbergen sich Lowe zufolge drei Ursachen.[435] Erstens mildere das Wirtschaftswachstum – so verschwenderisch und ökologisch zerstörerisch es auch sein mag – soziale Spannungen und Ungleichheit. D. h. jede Einschränkung des Lebensstandards würde das Ringen um Wohlstand wieder entfachen bzw. verschärfen.[436] Zweitens sei der Fortlauf der ökologischen Krise nicht etwa schnell und dramatisch, sondern eher allmählich und heimtückisch – vergleichbar mit einer Krebserkrankung, von der die Patient:innen vorerst nichts merken, die sie aber noch das Leben kosten werde. Es mangele an kurzfristigen Anreizen, unsere gegenwärtigen Handlungen zu verändern.[437] Und drittens falle es dem Menschen schwer, für etwas individuelle Verantwortung zu übernehmen, was er nur „wenig oder gar nicht[] spürt“[438]. Die globale ökologische Krise übersteige seinen räumlichen und zeitlichen Horizont.[439]

Auf das Individuum sei folglich bei diesem Thema schwerlich Verlass, aber wie stehe es stattdessen um die politischen Prozesse, mit denen eine demokratische Gesellschaft in der Regel ihre dringenden Probleme löst? Hiermit nähere er sich, wie Lowe schreibt, der „wohl beunruhigendsten Frage von allen“[440]. Sind unsere politischen Institutionen überhaupt dazu fähig, diese Gefahren zu bannen? Sind sie den Herausforderungen dieser neuen Ära gewachsen? Die ökologische

[434] Vgl. ebd.

[435] Vgl. ebd.

[436] Vgl. ebd.; Lowe (1990), S. 54.

[437] Vgl. Lowe im Interview: Geffrath (1989), S. 166; Lowe (1971), S. 570 f.

[438] Lowe im Interview: Greffrath (1989), S. 166.

[439] Vgl. Lowe (1971), S. 571.

[440] Ebd. Übersetzung der Verfasserin.

Krise sei schließlich mehr als ein Konflikt zwischen Ost und West.[441] Andererseits sei die partizipatorische Demokratie mit vollem Recht so konzipiert, dass sie mit ihren kurzfristigen Wahlperioden nur kleine und langsame Veränderungen hervorbringe. Außerdem müsse zugleich die Frage thematisiert werden, was eine demokratische Regierung gegen diese ‚schleichende' Krise tun kann, wenn die Mehrheit ihrer Wählerschaft gleichgültig schweigt.[442]

4.1.4 Kluft zwischen Lehrinhalten und realen Herausforderungen

Zusammenfassend, so Lowe, stehe die ökologische Krise aus seiner Sicht paradigmatisch für zwei bisher zu wenig beachtete Aspekte des sozialen Wandels. Erstens tendieren wir dazu, Probleme, die in Wirklichkeit sozialer und kultureller Natur sind, als wissenschaftliche und technologische Probleme zu behandeln. Zwar werden diese durch die neuen wissenschaftlichen und technischen Fähigkeiten verursacht, aber gelöst werden müssen sie vornehmlich auf den Ebenen der sozialen Organisation, der politischen Ausrichtung und der kulturellen Normen.[443] Und zweitens werde für die Bewältigung eine „umfassende Planung und Regulierung *von oben*"[444] nötig sein. Es sei offensichtlich, dass die Maßnahmen weit über die bisherigen spontanen Mechanismen der partizipatorischen Demokratie hinausgehen müssen.[445]

In diesem Kontext kritisiert Lowe, der auch bildungssoziologisch forschte[446], dass an den Universitäten (wie er am Beispiel der Wirtschaftswissenschaft offenlegt, vgl. Kapitel 2) zu viele irrelevante Inhalte gelehrt werden. Er sympathisiert, ähnlich wie Hannah Arendt, aber im Unterschied zu Max Horkheimer, mit den studentischen Pro-

[441] Vgl. ebd.

[442] Vgl. ebd., S. 571 f.

[443] Vgl. ebd., S. 572.

[444] Ebd. Übersetzung der Verfasserin.

[445] Vgl. ebd.

[446] Bereits während seiner Zeit in Kiel beschäftigte sich Lowe mit bildungssoziologischen Fragen. Vgl. Löwe, Adolph (1931/32): Das gegenwärtige Bildungsproblem der deutschen Universität, in: *Die Erziehung* (7), S. 1–19; siehe auch Krohn (1996), S. 49–57.

testen in den Jahren um 1968. Zwar kritisiert er wie seine Kolleg:innen ihre Rigorosität, aber die ursächlichen Vorwürfe und Beschwerden hält er für berechtigt.[447]

Hinsichtlich der ökologischen Krise, deren sozialen, politischen und kulturellen Hindernissen akademische Lehrpläne zu wenig Aufmerksamkeit schenken[448], stünden wir vor der drängenden Aufgabe, „tolerierbare Lösungen“[449] zu finden. Vermutlich werde aber kein Weg darum herumführen, dass die westlichen Industrieländer ihre Wachstumsrate allmählich verringern müssen.[450] Allerdings würde eine solche Reduktion, wie bereits angedeutet, das hundert Jahre alte „Sicherheitsventil im Westen“[451] außer Kraft setzen.[452] (Vgl. auch Kapitel 4.3.1.1.)

Auch wenn Konfliktpotenzial vorprogrammiert sei, hält Lowe eine friedliche Lösung für „nicht völlig utopisch“[453]. Sie erfordere aber einen „Riesensprung sozialen Lernens“[454], und sie könne utopisch werden, wenn die Problematik ungehindert fortschreite und der zu erzielende Transformationsprozess somit immer mehr in den internationalen Raum rücke.[455]

[447] Lowe setzte auf die „‚neue Elite‘ der rebellischen akademischen Jugend“, d. h. auf den „zielbewußten Nachwuchs, der von innen her die funktionell herrschenden Gruppen durchdringen und konstruktiv am Bau einer neuen Gesellschaft mitarbeiten würde.“ Er macht die akademischen Lehrer:innen dafür verantwortlich, dass bisher eine „‚echte Hochschulreform‘ zur Verwirklichung einer humaneren Welt“ versäumt worden sei. Krohn (1996), S. 156; vgl. ebd., S. 91; Lowe (1971), S. 563, 574. „[…] ich [bemühe] mich darum, den eigentlichen Sinn der akademischen Rebellion zu verstehen. Daß die radikalen Studenten selber nicht wissen, wo der Schuh sie drückt, heißt nicht, daß der Schuh nicht drückt. Noch enthebt es uns der Aufgabe, zu erkennen, was sie selber nicht sehen.“ Lowe im Brief an Max Horkheimer, 26. August 1970. In: Horkheimer, Max (1996): *Gesammelte Schriften. Briefwechsel 1941–1948.* Band 17. Hrsg. v. Gunzelin Schmid Noerr. Ungekürzte Ausgabe. Frankfurt am Main: Fischer Taschenbuch Verlag, S. 767 (Fn. 2).

[448] Vgl. Lowe (1971), S. 573.

[449] Lowe (1984a), S. 366.

[450] Vgl. ebd.

[451] Lowe im Interview: Greffrath (1989), S. 162.

[452] Vgl. Lowe (1984a), S. 366.

[453] Ebd., S. 368.

[454] Ebd.

[455] Vgl. ebd.

4.2 Anmerkung zu Hans Jonas' Prinzip Verantwortung *(1979)*

Im Jahr 1979 veröffentlichte Hans Jonas sein Hauptwerk *Das Prinzip Verantwortung* mit dem Untertitel „Versuch einer Ethik für die technologische Zivilisation“[456]. Er diagnostiziert ein „Vakuum“[457] zwischen der bisherigen Ethiktheorie und der modernen Situation, welches ebenfalls ein „Vakuum des heutigen Wertrelativismus“[458] sei.

Auffällig ist, dass die Inhalte der Kapitel 1, 2, 3 und 4 (I, II) bereits in ihren Vorstufen in dem 1968 auf dem Lowe-Symposium vorgetragenen Aufsatz *Economic Knowledge and Critique of Goals* enthalten sind.[459] So verwendet er dieselben Beispiele, um die Zwecke und ihre Stellung im Sein zu verdeutlichen: den Hammer, den Gerichtshof, das Gehen und das Verdauungsorgan.[460] Zudem entspricht der wirtschaftsethische Imperativ den ersten drei Formeln des im *Prinzip Verantwortung* formulierten ökologischen Imperativs.[461] In der Übersetzung wird es am deutlichsten: Aus der positiven Form „Handle so, dass die Wirkungen deiner Handlung verträglich sind mit der Permanenz einer Wirtschaftsordnung“[462] wird „Handle so, daß die Wirkungen deiner Handlung verträglich sind mit der Permanenz echten menschlichen Lebens auf Erden“[463]. Aus der negativen Form „Handle so, dass die Wirkungen deiner Handlung nicht zerstörerisch sind für die künftige Möglichkeit eines Wirtschaftslebens“[464] wird „Handle so, daß die Wirkungen deiner Handlung nicht zerstörerisch sind für die künftige Möglichkeit solchen Lebens“[465]; und aus der einfachen Form „Gefährde nicht die Bedingungen für einen indefiniten Fortbestand einer lebensfähigen Wirtschaft“[466] wird „Gefährde nicht die Bedingungen

[456] Jonas (2020), Untertitel.

[457] Ebd., S. 9, 58.

[458] Ebd., S. 9.

[459] Vgl. auch Böhler/Herrmann (2017), S. XXIX.

[460] Jonas (1969), S. 71; Jonas (2020), S. 105–148.

[461] Vgl. auch Böhler/Herrmann (2017), S. XXXI.

[462] Jonas (1969), S. 79. Übersetzung der Verfasserin.

[463] Jonas (2020), S. 38.

[464] Jonas (1969), S. 79. Übersetzung der Verfasserin.

[465] Jonas (2020), S. 38.

[466] Jonas (1969), S. 79. Übersetzung der Verfasserin.

für den indefiniten Fortbestand der Menschheit auf Erden“[467]. Und nicht zuletzt sind auch erste Grundgedanken der praktischen Leitlinie, der schlechten Prognose den Vorrang vor der guten zu geben[468], sowie die „Heuristik der Furcht“[469] als ethischer „Kompaß“[470] der Moderne bereits 1968 skizzenhaft erkennbar (vgl. Kapitel 3.2.5–7).

Da auch Dietrich Böhler und Bernadette Herrmann Jonas' Arbeitsbeginn am *Prinzip Verantwortung* auf das Jahr 1968 datieren[471], spricht vieles für die These, dass Jonas' (wirtschafts-)ethischer Imperativ die Antwort auf die Lowe'sche Fragestellung ist. Allerdings muss in diesem Zusammenhang ebenso deutlich angemerkt werden, dass es im *Prinzip Verantwortung* nicht mehr als zwei, zudem äußerst kurz gehaltene Verweise auf Lowe gibt. Nicht einmal im Vorwort, in dem Jonas einige vorangegangene Aufsätze aufzählt, wird ein Bezug hergestellt.[472]

Nichtsdestotrotz lässt sich zweifelsohne festhalten, dass Jonas' *Prinzip Verantwortung* nachhaltiges Wirtschaften und Handeln – auch ohne direkte Hinweise auf die Auseinandersetzung mit Lowe – impliziert.[473] Dass Jonas erstmals im wirtschaftsethischen Kontext von einem „Prinzip Verantwortung“[474] sprach und er damit, in einem langjährigen Arbeitsprozess, über die Ökonomiekritik zur Verantwortungsethik gekommen sein muss, ist, wie auch Dietrich Böhler und Bernadette Herrmann schreiben, bisher „erstaunlicherweise“[475] unerforscht. (Vgl. weiter Kapitel 5.1.)

[467] Jonas (2020), S. 38.

[468] Vgl. Jonas (1969), S. 83; Jonas (2020), S. 71–75.

[469] Jonas (2020), S. 10, 65 f., 381, 409. Vgl. „healthy fear“ in Jonas (1969), S. 87. Vgl. auch Böhler/Herrmann (2017), S. XXV. Vgl. Kapitel 3.2.7 dieser Arbeit.

[470] Jonas (2020), S. 9.

[471] Vgl. Böhler/Herrmann (2017), S. VII, XX, XXIII, XXIX, XXXII.

[472] Vgl. Jonas (2020), S. 392 (Fn. 1), S. 398 (Fn. 23). Genannte Aufsätze im Vorwort, vgl. ebd., S. 13.

[473] Jonas identifiziert im *Prinzip Verantwortung* die freie Marktwirtschaft des westlichen Industriekapitalismus als „Herd“ der zerstörerischen Dynamiken. Ebd., S. 248.

[474] Jonas (1969), S. 80. Übersetzung der Verfasserin. Vgl. auch Kapitel 3.2.4 dieser Arbeit.

[475] Böhler/Herrmann (2017), S. XXXII.

4.3 Adolph Lowes Hat Freiheit eine Zukunft? *(1988)*

Im intensiven Briefaustausch berichtet Lowe Jonas im Jahr 1986, dass er gerade ein neues Buchmanuskript abschließe und Jonas „viles [sic!] Verwandte finden [werde], wenn auch die Akzente anders gesetzt sind.“[476] Er schwanke noch zwischen den Arbeitstiteln „The Prospect for Freedom“ und „The Future of Freedom“[477]. Doch am liebsten hätte er, wie er schließlich im Vorwort schreibt, den bereits 1937 verwendeten Titel *The Price of Liberty* noch einmal benutzt. Dieser Titel drücke sein Anliegen „genauer aus als jeder andere“[478], einschließlich des nun gewählten*: Has Freedom a Future?*.[479]

Diese letzte große Schrift des inzwischen 95-Jährigen sei keine wissenschaftliche Studie im üblichen Sinne, so Lowe selbst, er schreibe hier vergleichsweise populärwissenschaftlicher als sonst.[480] Er unterzieht seine früheren Arbeiten nochmals einer Analyse und widmet sich den Gegenwarts- und Zukunftsproblemen. Mit den Worten von Alexander Rüstow: Er wage sich an eine „Ortsbestimmung der Gegenwart“[481]. Hervorzuheben ist, dass Lowe bis ins hohe Alter nach Mitteln und Wegen für ein lebensfähiges Morgen sucht und ihn die drängenden Fragen nach den emanzipatorischen Zielsetzungen und der moralischen Verantwortung nicht loslassen.[482]

[476] Lowe, Adolph (1986): Brief an Hans Jonas, Spring 1986; 1 Seite. Unveröffentlichtes Manuskript. In: Nachlass Adolph Lowe. State University of New York at Albany (SUNYA). Adolph Lowe Papers, 1915–1996 (Box 3, Folder 47), Jonas, Hans 1943–1989, Digitalisiert online verfügbar: https://archives.albany.edu/concern/daos/s4656085q (PDF, S. 53) (Stand: 15. Mai 2023).

[477] Lowe, Adolph (1986): Brief an Hans Jonas, 8. Dez. (?) 1986; 1 Seite. Unveröffentlichtes Manuskript. In: Nachlass Adolph Lowe. State University of New York at Albany (SUNYA). Adolph Lowe Papers, 1915–1996 (Box 3, Folder 47), Jonas, Hans 1943–1989, digitalisiert online verfügbar: https://archives.albany.edu/concern/daos/s4656085q (PDF, S. 65) (Stand: 15. Mai 2023).

[478] Lowe (1990), S. 5.

[479] Vgl. ebd.

[480] Vgl. ebd.

[481] Lowe im Interview: Greffrath (1989), S. 185; Lowe (1984b), S. 26.

[482] Vgl. Krohn (1996), S. 187; Lowe (1990), S. 81. Robert L. Heilbroner über Lowes *Hat Freiheit eine Zukunft?*: „I recommend it for everyone who is not afraid to wrestle with the future.“ Lowe, Adolph (1988): *Has Freedom a Future?* Books in the Convergence Series (9). New York: Praeger Publishers, Buchrücken.

Wie er in der deutschen Ausgabe vorbemerkt, sei es für die Leserschaft wichtig zu wissen, dass das Manuskript vor 1989 entstand. Als die deutsche Fassung im Jahr 1990 erschien, stand er vor der Frage, ob die wichtigsten Abschnitte überarbeitet werden sollten. Wohlüberlegt habe er sich jedoch dazu entschlossen, den ursprünglichen Text beizubehalten.[483] Erstens sei die Weltlage auch nach dem jüngsten Geschichtsverlauf noch immer „krisenbedroht"[484] und seine wirtschafts- und gesellschaftstheoretische Reflexion somit von den Veränderungen unberührt.[485] Und zweitens sei das Fortbestehen des „warmen Friedens"[486] von der inneren Entwicklung der Sowjetunion und der anderen Länder des Ostblocks abhängig. Dieser Trend sei, allem Anschein zum Trotz, unsicher und nicht absehbar. Lowe zufolge galt weiterhin das Gebot der Vorsicht, denn:

> „Sollte es […] den traditionellen Mächten in der Sowjetunion gelingen […], die Zügel wieder zu ergreifen, so lassen sich die Konsequenzen mit hoher Wahrscheinlichkeit voraussagen – die Wiederkehr des Kalten Krieges, wenn nicht gar offene Aggression, das übliche Mittel autoritärer Regime, um durch außenpolitische Abenteuer von der Instabilität im Inneren abzulenken."[487]

4.3.1 Das gegenwärtige Stadium der Emanzipation

Thematisch bildet die janusköpfige moderne Entwicklungsdynamik den Kern des Lowe'schen Spätwerks. Wie Klaus-Dieter Krohn betont, muss Lowe hierbei nicht nur mit Hans Jonas, sondern auch mit Ernst

[483] Vgl. Lowe (1990), S. 2.

[484] Ebd.

[485] Vgl. ebd.; Krohn (1996), S. 189.

[486] Lowe (1990), S. 2.

[487] Ebd., S. 2 f. Lowe verweist auf das Buch von Alexis de Tocqueville *Über die Demokratie in Amerika* (1935), das bereits erste Indizien dafür liefere, dass „Rußland zum Gegenspieler der Vereinigten Staaten werden könnte." Ebd., S. 38; vgl. Tocqueville, Alexis de (1935): *Über die Demokratie in Amerika.* Erster und Zweiter Teil. Aus dem Französischen neu übertragen von Hans Zbinden. Zürich: Manesse Verlag.

Bloch und Hansjürgen Staudinger[488] in einem intensiven Austausch gestanden haben.[489] Auf der einen Seite habe es mit der soziopolitischen Befreiung, der geistigen Aufklärung und dem technologischen Fortschritt innerhalb weniger Jahrzehnte enorme Fortschrittsgewinne gegeben, aber auf der anderen Seite sei das 20. Jahrhundert eben bekanntermaßen ein „Jahrhundert der Erschütterungen praktisch aller Zivilisationen"[490]. Statt dass wir uns mit den Zugewinnen an Wohlstand und persönlicher Freiheit dem letztlichen Ziel der Emanzipation, der ‚egalitären Freiheit', nähern, erzeugen wir destruktives Potenzial. Wir erfinden Atombomben mit noch größerer Zerstörungskraft und befürworten ein Wohlstandswachstum, das auf Kosten künftiger Generationen und Entwicklungsländer zur Ressourcenverschwendung und Umweltzerstörung führt.[491] Zudem ist es die „allgemeine Desintegration der Gesellschaft"[492], ausgelöst vor allem durch die zunehmend hedonistischen Verhaltensmuster der Massenkonsumgesellschaft, die Lowe Sorgen bereitet.[493]

Lowe verortet die westliche Zivilisation in einer „erste[n] Phase der Emanzipation", d. h. in einer Phase, in der wir vorerst zu verstehen beginnen, dass „nicht nur die repressiven Beschränkungen der Vergangenheit, sondern auch deren schützende Dämme"[494] niedergerissen wurden. Die sich ebenfalls im Bereich der Wahlmöglichkeiten ergebenden Chancen verstehen wir kaum verantwortlich zu nutzen.[495]

Lowes Forschungsintention lautet daher (erneut): Wie lässt sich die Selbstzerstörung der Gesellschaft aufhalten? Wie können Freiheit und Stabilität gleichzeitig aufrechterhalten werden? Wie kann eine stabile freiheitliche Gesellschaft realisiert werden? Wie kann die freiheitliche Demokratie den sich aufstapelnden Krisen standhalten? Wie definie-

488 Der Biochemiker Hansjürgen Staudinger war der Neffe seines *New School*-Kollegen und langjährigen Freundes Hans Staudinger. Vgl. Krohn (1996), S. 186.

489 Vgl. ebd., S. 189 f.

490 Lowe (1990), S. 38; vgl. auch Krohn (1996), S. 191.

491 Vgl. Lowe (1990), S. 14 f.; Krohn (1996), S. 191 f.

492 Hagemann (1997a), S. 320.

493 Vgl. ebd.; Lowe (1990), S. 15, 42 f.

494 Lowe (1990), S. 15.

495 Vgl. Krohn (1996), S. 193.

ren wir eigentlich Freiheit und Fortschritt? Kurzum: Hat Freiheit eine Zukunft?[496]

Als „Übel"[497] der Nachkriegsära identifiziert Lowe folgende Bereiche: die zunehmende inter- und intranationale Ungleichheit der Verteilung, den „endemischen Zyklus"[498] von Deflation und Inflation, die strukturelle Arbeitslosigkeit und Hemmnisse des Wirtschaftswachstums wie die ökologische Bedrohung.[499] Auch die weltpolitischen Spannungen und der Terrorismus bedrohen sowohl die Stabilität als auch die Freiheit.[500] Aus Lowes Sicht sei die Zeit „überreif"[501], zumindest für das Erwägen dieser Probleme.

Exemplarisch nehmen die nächsten vier Kapitel vordergründig Lowes Untersuchungen zu den Wachstumsgrenzen und zur ungleichen Verteilung in den Blick.[502]

4.3.1.1 Wachstumsgrenzen: Alternative Energien und regionale Autarkie

Wie bereits im Kapitel 4.1 ausgeführt, konstatiert Lowe, in Übereinstimmung mit den Ergebnissen des *Club of Rome*, dem steten Wirtschaftswachstum des kapitalistischen Systems eine „obere Grenze"[503]. Das industrielle Wachstum im bisherigen Sinne nähere sich dem Ende.

[496] Vgl. Lowe (1990), Klappentext, S. 5 f., 61; Lowe im Interview: Dönhoff/ Greffrath (1988), S. 41.

[497] Lowe (1990), S. 49, 56.

[498] Ebd., S. 56.

[499] Vgl. ebd.

[500] Vgl. ebd., S. 6.

[501] Ebd.

[502] Lowe beschäftigte sich ebenfalls intensiv mit dem technologischen Wandel. Vgl. ebd., S. 99–114. Um den Umfang dieser Arbeit jedoch nicht zu überschreiten, kann dieses Themenfeld an dieser Stelle nicht weiter ausgeführt werden. Angemerkt werden muss aber, dass auch diese Bemerkungen zur Rationalisierung, insbesondere ausgelöst durch die Mikroelektronik, heute vor dem Hintergrund der Digitalisierung und aktuellen KI-Revolution eine neue Aktualität erfahren. Vgl. auch Hagemann (2021), S. 495.

[503] Lowe (1990), S. 55. Zum *Club of Rome* vgl. Lowe im Interview: Greffrath (1989), S. 168.

Als die hauptsächlichen Hindernisse nennt er die internationalen Spannungen, das Erwachen der Entwicklungsländer und die ökologischen Schranken.[504]

Vor allem Letztere könnten auf lange Sicht betrachtet „den ganzen Lebensstil der Menschheit umwandeln."[505] Seine Worte sind deutlich: „Ich will hier nur klarstellen, daß selbst unter optimistischen Annahmen ein ökologischer Faktor droht, das Wirtschaftswachstum im Westen, wie es üblicherweise verstanden wird, zu blockieren."[506]

Der erste ökologische Faktor (vgl. Kapitel 4.1.1), das Bevölkerungswachstum, sei zugegebenermaßen auf den emanzipatorischen Fortschritt, wie die verbesserte medizinische Versorgung, zurückzuführen. Die beiden weiteren Faktoren, die Ressourcenerschöpfung und die Umweltverschmutzung, bezeichnet er als die „Sünden unserer liberalen Vorfahren"[507], die uns noch heute heimsuchen. Auch wir haben „kaum aufgehört, ihre rücksichtslose Ausbeutung der Natur nachzuahmen"[508]. Und selbst wenn die Bevölkerung nicht mehr wachsen sollte und die natürlichen Ressourcen ausreichen sollten, gebe es noch immer die Grenzen der thermischen Effekte, d. h. das Problem der Erderwärmung.[509]

In Reaktion auf den Reaktorunfall von Harrisburg 1978 schreibt Lowe im April 1979 in der Korrespondenz mit Hansjürgen Staudinger, dass die „besten Sachverständigen die wirkliche Gefahr der Reaktoren gewaltig unterschätzt" hätten, und wenn er der „Herr der Welt" wäre, würde er ein „Manhattan Project"[510] zur Erforschung der effizienten Nutzung der Sonnenenergie und zur Erhöhung des Wirkungsgrades der vorhandenen Energiequellen installieren.[511]

Lowe zufolge muss die Sonnenenergie – daneben erwähnt er auch die Kernfusion – „international zur Hauptenergiequelle"[512] werden,

[504] Vgl. Lowe (1990), S. 101.

[505] Ebd., S. 54.

[506] Ebd.

[507] Ebd., S. 55.

[508] Ebd.

[509] Vgl. ebd.

[510] A. Lowe an H. Staudinger, 9.4.1979. Zitiert nach: Krohn (1996), S. 188.

[511] Vgl. ebd.

[512] Lowe (1990), S. 55.

und zwar nicht nur, weil sie eine sichere und „ökologisch annehmbare Lösung des Energieproblems“[513] liefern könne, sondern auch weil Länder dadurch unabhängig werden. Mehr regionale Autarkie werde, wie Lowe festhält, zu weniger internationalen Spannungen führen.[514] Gemeint sei hiermit keineswegs ein protektionistischer Rückzug hinter nationale Grenzen und Zollschutz, sondern eine bestmögliche Vereinbarkeit von internationaler Spezialisierung und Austausch mit einer produktiven, ökologisch und technologisch fundierten Autarkie.[515] Was Lowe „phantasier[t]“[516], ist eine Autarkie, die in Zukunft marktwirtschaftlich produktiver ist „als die frühere Methode, Millionen Tonnen von Rohstoffen über die Weltmeere zu schleppen.“[517]

4.3.1.2 Internationale Ungleichheit

Hervorzuheben sei außerdem, dass die Vormachtstellung der westlichen Industrieländer keine „‚natürliche‘ globale Ordnung“[518], sondern ein „Produkt bestimmter historischer Umstände und einseitiger Machtbeziehungen“[519] darstelle. Der (aufgrund des Exports der modernen Technik und der Nutzung der Niedriglöhne[520]) zu beobachtende Aufstieg der Entwicklungsländer sei somit auf der einen Seite ein legitimer emanzipatorischer Schritt in die Richtung einer gerechteren internationalen Verteilung, doch sei dieser auf der anderen Seite angesichts planetarischer Grenzen mehr als besorgniserregend.[521] Eine Lösung dieses internationalen Konflikts sei derzeit, so Lowe, nicht in Sicht. Es sei denn, der Westen stellte seine nationalen Interessen und Egoismen zurück und fände „einen Modus vivendi mit der Welt des Kollekti-

[513] Ebd., S. 91.

[514] Vgl. ebd., S. 92.

[515] Vgl. ebd., S. 91 f.

[516] Lowe im Interview: Dönhoff/Greffrath (1988), S. 43.

[517] Ebd.

[518] Lowe (1990), S. 36.

[519] Ebd.

[520] Vgl. Lowe im Interview: Dönhoff/Greffrath (1988), S. 43.

[521] Vgl. Lowe (1984a), S. 366.

vismus“[522]. (Vgl. Kapitel 4.1.4.) Solange das nicht passiert, werde es weiterhin enge, unüberbrückbare Grenzen geben.[523]

4.3.1.3 Intranationale Ungleichheit

Aber nicht nur international, sondern auch intranational gebe es Missstände, die es offenzulegen gelte. Zunächst, meint Lowe, müsse er das „Märchen zerstören“[524], dass der Sozialstaat die Kluft zwischen Arm und Reich reduziert habe. Das Einzige, was er bisher geleistet habe, sei, eine weitere Steigerung der Ungleichheit zu verhüten – doch zum Teil gelinge ihm noch nicht einmal das.[525] Das zweite Märchen laute, dass der Rechtsstaat jedem Menschen gemäß seinen Talenten einen Aufstieg ermögliche. Wenn man ehrlich hinschaue, liege eine strukturelle Diskriminierung vor.[526] Zu diesen „fest umschriebenen Gruppen“[527] der Diskriminierten gehörten Frauen, gewisse ethnische Gruppen, Jugendliche und auch die weniger homogene Schicht der Arbeiterklasse. Eine langfristige Chancengleichheit, d. h., dass jede Person eine Position abhängig von ihrem Arbeitseinsatz und ihrer Begabung bekleiden kann, könne nur dort bestehen, wo weitgehend dieselben Ausgangsbedingungen im Wettbewerb herrschen.[528]

Mit der wachsenden Wahrnehmung dieser Schranken gebe es Forderungen, dieser intranationalen Ungleichheit durch öffentliche Angleichungen, etwa durch „feste Quoten“[529], entgegenzuwirken. Aber auch Fürsprecher:innen könnten nicht übersehen, dass eine solche Reform einen „*Konflikt zwischen Gleichheit und Effizienz*“[530] erzeugen könne.

[522] Lowe (1990), S. 93.

[523] Vgl. ebd.

[524] Lowe im Interview: Dönhoff/Greffrath (1988), S. 43.

[525] Vgl. ebd.

[526] Vgl. ebd.

[527] Lowe (1990), S. 95.

[528] Vgl. ebd., S. 94 f.

[529] Ebd., S. 95.

[530] Ebd. Hervorhebung im Original.

Zusammenfassend hält Lowe fest, dass auch die westlichen Industrieländer „in Wirklichkeit *unterentwickelt*“[531] seien. Was ihnen vordergründig fehle, sei kollektives Handeln, um ihre potenziellen Kapazitäten im vollen Ausmaß ausschöpfen zu können.[532] Vor allem verdeutliche die noch immer fehlende „Lösung des Energieproblems, die mit Umweltschutz vereinbar ist“[533], die großen Mängel.

4.3.1.4 Lowes Konzept der „inneren Kolonisation“

Weitere Symptome für die mangelnde Reife von Industrieländern seien die einseitige Fokussierung auf materielle Güter, eine Unterversorgung im Bereich der nicht-materiellen Gütern, etwa Erziehung, Gesundheit, Feuerwehr und der Ausbau des Verkehrsnetzes, sowie ein stiefmütterliches Behandeln von Ästhetik und Kultur.[534] Das wirtschaftliche Erschließen dieser Bereiche nennt Lowe *„geplante innere Kolonisation“*[535]. Eine „richtig verstandene ‚Kolonisation‘ “[536] kann Lowes Erläuterungen zufolge eine Gesellschaft auf eine höhere Zivilisationsstufe heben.[537] Es bestehe folglich, „ohne daß man Pyramiden bauen müßte, ein echter Bedarf nach Entwicklung der entwickelten Länder“[538] (vgl. Kapitel 2.5.4).

Mittel und Ressourcen zum Beheben der Mängel, für eine innere Reorganisation und das Anheben des kulturellen Niveaus gebe es in den westlichen Gesellschaften genügend, doch dominiere in ihnen ein Geschmack, der pervertiert durch Reklame, Medien und Konsum von den eigentlichen Bedürfnissen ablenke.[539]

[531] Ebd., S. 96. Hervorhebung im Original.
[532] Vgl. ebd.
[533] Ebd.
[534] Vgl. ebd., S. 96 f.
[535] Ebd., S. 142. Hervorhebung im Original.
[536] Ebd.
[537] Vgl. ebd.
[538] Lowe im Interview: Dönhoff/Greffrath (1988), S. 44.
[539] Vgl. Lowe (1990), S. 97.

4.3.2 Zur Gestaltung der Transformation

Ähnlich wie bereits zwanzig Jahre zuvor in der *Politischen Ökonomik* zeigt Lowe auch in *Hat Freiheit eine Zukunft?* auf, dass die kapitalistische Ordnung von Beginn an mit sozio-ökonomischer Ungleichheit sowie Instabilität und Arbeitslosigkeit „verwachsen“[540] ist. Erneut unterzieht er die Schwachstellen der zu seiner Zeit vorherrschenden Kapitalismusphase einer genauen Untersuchung und sucht nach Wegen, die Folgen zu überwinden.[541] Neu an dieser Schrift ist sein besonderer Fokus auf den Begriff der „Emanzipation“, den er mit dem der „Freiheit“ verknüpft.[542] Seiner Analyse zufolge kann das konstruktive Potenzial der Emanzipation „nur dann die Oberhand gewinnen“[543], wenn sich eine Gesellschaft bewusst dafür entscheidet.[544] Letztendlich spricht er von einer „sozio-politischen und sozialpsychologischen Transformation“[545], die nötig sei, um sich dem emanzipatorischen Ziel anzunähern, und widmet sich in Anknüpfung an sein Konzept der Instrumentalanalyse der Frage, wie ein „Mindestprogramm“[546] für einen solchen Wandel aussehen könnte.[547]

Ausgangsort eines derartigen „gesellschaftlichen Prozesses in eine Richtung, bei der Stabilität und persönliche Freiheit vereinbar werden“[548], sollte bestenfalls eine größere westliche Nation sein, weshalb Lowe – wenn auch skeptisch und nicht unkritisch – die Vereinigten Staaten als Beispiel einführt.[549]

Fest steht für Lowe, dass eine solche Art von Transformation nicht ohne „öffentliche Kontrollen“[550] und „Planung“[551] auskommen wird.

[540] Ebd., S. 140.

[541] Vgl. ebd., S. 142.

[542] Vgl. ebd., S. 12 f.

[543] Ebd., S. 15.

[544] Vgl. ebd.

[545] Ebd., S. 61.

[546] Ebd., S. 81, 142.

[547] Vgl. ebd., S. 81.

[548] Ebd., S. 83.

[549] Vgl. ebd., S. 84.

[550] Unter der Bezeichnung „öffentliche Kontrollen“ versteht Lowe Eingriffe seitens regierender Instanzen. Ebd., S. 13, 129.

[551] Ebd., S. 15, 116.

Er verwendet diese Begriffe im vollen Bewusstsein dessen, dass sie aufgrund von Fehlern und Missbräuchen totalitärer Regime höchst negativ konnotiert sind.[552] Nach Lowes Verständnis bringen diese aber nicht mehr zum Ausdruck als einen „weiten Bereich von Stabilisierungsmaßnahmen […], die keinen autoritären Beigeschmack haben“[553], d. h. beispielsweise fiskalpolitische Kontrollen, eine Geldpolitik zur Vermeidung von Inflation, Besteuerungen oder auch sozialpolitische Schutzmaßnahmen.[554] Aus seiner Sicht seien öffentliche Kontrollen „*legitime Objekte*“[555], wenn sie soziale und wirtschaftliche Ungleichheiten sowie Missstände – deren Hindernisse, wie er betont, alles andere als Naturgesetze, sondern veränderbar sind[556] – aufheben können. Es gehe hierbei um nicht mehr und nicht weniger als die Ausarbeitung und Anwendung von konzeptionellen Reformprogrammen[557], die „ohne einen revolutionären Bruch mit den herrschenden Institutionen des Westens“[558] machbar seien.

4.3.3 Wohlfahrtsstaat und Wohlfahrtsgesellschaft

Um das Grundproblem, das im privaten Bereich vorliege, zu erläutern, zitiert Lowe aus dem 1976 erschienenen Werk *Welfare state and welfare society. Illusion and Reality* des britischen Rechtswissenschaftlers William A. Robson. Demzufolge könne ein Wohlfahrtsstaat nur bestehen, wenn eine Wohlfahrtsgesellschaft existiert. Ein Wohlfahrtsstaat bestehe aus dem, was eine demokratisch gewählte Regierung tut, und eine Wohlfahrtsgesellschaft aus dem, was die Bürgerinnen und Bürger machen, fühlen und über die Zielsetzungen denken, die sich der Wohlfahrtsstaat setzt. Demnach könne die Politik nur diejenigen Ziele verfolgen und erreichen, die die Mehrheit der Bürgerinnen und Bürger mit ihren eigenen Überzeugungen und Handlungen unter-

[552] Vgl. ebd., S. 15.
[553] Ebd.
[554] Vgl. ebd., S. 15, 113 f.
[555] Ebd., S. 14. Hervorhebung im Original.
[556] Vgl. ebd.
[557] Vgl. ebd., S. 15 f.
[558] Ebd., S. 113; vgl. auch ebd., S. 82.

stützt.[559] In Robsons Worten: „When an industrialised nation becomes a welfare state the need for a strong sense of individual, group and institutional responsibility and the need for social discipline become far greater […].“[560]

Lowe stimmt Robsons Ansicht zu, dass das Handeln der Durchschnittsbürger:innen mit der Politik des Wohlfahrtsstaates übereinstimmen sollte, und hält fest, dass diese Vorstellung dem entspreche, was er 1937 in *The Price of Liberty* unter dem Begriff „Konformität“ definiert hat.[561]

In Anlehnung an die Studien des mittelalterlichen Philosophen Peter Abaelard versteht Lowe unter dieser Terminologie das, was eine aus eigenständigen Individuen bestehende Gemeinschaft von einer beliebigen Masse unterscheidet und ihr ihre Stabilität und Dauerhaftigkeit verleiht. Wie Lowe betont, handele es sich bei diesen Verhaltensmustern „keineswegs [um] ein für allemal gegeben[e]“ Strukturen, sondern um einen steten, in jeder Generation zu erneuernden Prozess *„kultureller Anpassung“*[562].

Außerdem sei hervorzuheben, dass diese Konformität – wieder in Übereinstimmung mit Robson – das Gegenteil von passivem Unterordnen und auch keinen Verzicht auf das Verfolgen von Privatinteressen bedeute.[563] Denn nur eine kritische Öffentlichkeit könne neue Kriterien zu Prinzipien einer neuen Konformität erheben und damit den „*Übergang* von einem Stadium der Emanzipation zum nächsten“[564] bewältigen. Die Vorkämpfer:innen einer solchen „„positive[n] Non-

[559] Vgl. ebd., S. 115 f.

[560] Robson, William A. (1976): *Welfare State and Welfare Society. Illusion and Reality.* London: George Allen & Unwin, S. 41. „Wenn eine moderne Nation sich zu einem Wohlfahrtsstaat entwickeln soll, so ist auf seiten des Bürgers die Bereitschaft zu institutioneller Verantwortung und damit für gesellschaftliche Disziplin unentbehrlich.“ Übersetzung nach Lowe (1990), S. 116.

[561] Vgl. Lowe (1990), S. 116; Lowe (1937), S. 14 f., 18, 21 f., 25–27, 33, 38, 42, 44.

[562] Konkreter formuliert handele es sich hierbei um einen Prozess, bei dem die oder der Einzelne „bestimmten erkenntnistheoretischen und ethischen Kriterien verpflichtet“ werde. Lowe (1990), S. 17. Hervorhebung im Original.

[563] Vgl. ebd., S. 116.

[564] Ebd., S. 22. „[N]eue Kräfte [reifen] allmählich im Schoße der alten, zerfallenden Ordnung heran[].“ Ebd., S. 23.

konformität"[565] stoßen hierbei nicht nur auf den Widerstand derjenigen, „die sich an die Vergangenheit klammern", sondern haben „auch mit der Indifferenz" derer zu kämpfen, „die vollständig von ihren privaten Belangen in Beschlag genommen sind, ganz zu schweigen von Konkurrenten, welche Utopien oder eine Gegenkultur anstreben."[566] Als historische Beispiele führt Lowe die Proteste der Sklaverei-Gegner in den USA sowie die Realisierung des Großprojektes der *Enzyklopädie* in der Französischen Revolution an. Beides seien jahrzehntelange Prozesse gewesen, doch wurden sie im Anschluss nie wieder zurückgenommen.[567]

Lowe ist der Ansicht, sein Anliegen lasse sich folglich besser mit den Begriffen „Quasi-Ordnung" oder „Quasi-Stabilität"[568] auf den Punkt bringen. Es gehe um eine optimale Balance zwischen individueller Autonomie und Konformität, denn beide Extreme, d. h. unbegrenzte Autonomie und vollständige Konformität, stuft Lowe als „eindeutig selbstzerstörerisch"[569] ein.

4.3.4 Zum Verhältnis zwischen Individuation und Sozialisation

Lowe beschreibt den Menschen als „*Mischung aus Individuation und Sozialisation*"[570], wobei die Gewichtung dieses Verhältnisses stets von geographischen, geologischen, technologischen und kulturellen Bedingungen beeinflusst werde und vor allem historisch variiere.[571] Als Lowe

[565] Ebd., S. 22.

[566] Ebd., S. 23.

[567] Vgl. ebd., S. 22.

[568] Ebd., S. 21.

[569] Ebd. „Angenommen, wir würden uns alle vollständig in den Belangen des Augenblicks verlieren ohne Rücksicht auf ein Morgen – eine Annahme, die angesichts des sich immer weiter verbreitenden Wunsches nach kurzfristiger Befriedigung mehr ist als theoretische Spekulation. Solange diese Haltung sich auf eine kleine Minderheit bezieht, ist sie gesellschaftlich harmlos. Sollte sie je um sich greifen, so würde sie den Fortbestand der Makro-Ordnung bedrohen und damit auch das Überleben der Mikro-Einheiten." Ebd., S. 19.

[570] Ebd., S. 18. Hervorhebung im Original.

[571] Vgl. ebd., S. 21.

die Schrift in den 1980ern verfasste, diagnostizierte er dem damals vorherrschenden westlichen Zeitgeist einen Trend in Richtung Individuation. Es dominiere die Betrachtungsweise, dass dieses Übergewicht ein „wesentlicher Fortschritt der Zivilisation“[572] sei. Da der Fortbestand der Freiheit sowie ein neuer Emanzipationsprozess aber, wie Lowe behauptet, von einem bestimmten Verhältnis beider Elemente abhänge, sei es aus seiner Perspektive in dieser modernen Situation „um so wichtiger […], die andauernde Bedeutung der Sozialisation hervorzuheben“[573].

Letztendlich sei das Ziel, langfristig in eine „zweite[] Phase“ der Emanzipation einzutreten, in der sich „neue, *dauerhafte Beziehungen zwischen Mensch und Natur und Menschen untereinander* herausbilden“[574], so Lowes Utopie. Eine ideale politische Struktur sei eine, die sich auf wohl informierte, aber solidarische Mitglieder der Wohlfahrtsgesellschaft stützen kann und zeitgleich den Fortbestand dieser Gesellschaft durch öffentliche Maßnahmen sicherstellt.[575]

4.3.5 Das Modell der „spontanen Konformität“

Sein Modell der „spontanen Konformität“ entwickelte er in den 1930er Jahren im englischen Exil unter anderem im Austausch mit seinem Kollegen an der Universität Manchester, dem Chemiker und Philosophen Michael Polanyi.[576] Es waren der bittere Zusammenbruch der Weimarer Republik, die faschistische Machtübernahme und seine

[572] Ebd., S. 18.

[573] Ebd.; vgl. ebd., S. 14.

[574] Ebd.

[575] Vgl. ebd., S. 139.

[576] Michael Polanyi prägte den verwandten Begriff „spontaneous order“, der später von Friedrich August von Hayek und anderen österreichischen Ökonomen aufgegriffen wurde. Mehr zu Lowe und Polanyi siehe Forstater, Mathew (2000): Adolph Lowe on Freedom, Education and Socialization. In: *Review of Social Economy*. Vol. LVIII, No. 2 (June), S. 231 (Fn. 1); Forstater, Mathew (1998): Imagining the Possibilities: The Dissent of Adolph Lowe. In: *Economics and its Discontents*. Hrsg. v. Richard P. F. Holt und S. Pressman. Cheltenham: Edward Elgar; Forstater, Mathew (1999): Working Backwards: Instrumental Analysis as a Policy Discovery Procedure. In: *Review of Political Economy* 11(1), S. 5–18.

eigene erzwungene Emigration, die Lowes Augenmerk in jener Zeit vor allem auf politische und philosophische Fragestellungen lenkten.[577] Als Deutscher war er „beunruhigt und […] begeistert“[578] zugleich von der englischen Gesellschaft und ihrer bis ins Mittelalter zurückreichenden Tradition.[579] Man musste aber „schon aus dem anarchischen Deutschland kommen, mit unserem spezifischen Individualismus, um dies zu sehen“[580], so Lowe rückblickend. In England spielte sich beispielsweise eine wissenschaftliche Debatte wie eine unternehmerische Direktionssitzung ab. Argumente wurden nie auf die Spitze getrieben, um nicht den Gemeinsinn zu stören. In Deutschland hingegen glich ein Kongress nach Lowes Erfahrung regelrecht „einem Schlachtfeld“[581].

Im direkten Vergleich beider Nationen wurde ihm zum ersten Mal „klar, was in Deutschland fehlte.“[582] Im Unterschied zu den Engländer:innen sei es den Deutschen „nie gelungen […], sich zu einer spontanen Gesellschaft zu entwickeln“[583]. Indizien für diese tragische deutsche Geschichte lassen sich auch in Johann Wolfgang von Goethes und Friedrich Schillers *Xenien* finden: „Zur Nation Euch zu bilden, ihr hofft es, / Deutsche, vergebens; / Bildet, ihr könnt es, dafür, freier zu / Menschen euch aus!“[584]

Es gebe folglich zwei verschiedene Formen von Freiheit. Die ‚öffentliche‘ und politische, aber selbstbeschränkende[585] Freiheit der Englän-

[577] Vgl. Forstater (2000), S. 225.

[578] Lowe im Interview: Greffrath (1989), S. 140.

[579] Vgl. Lowe (1984a), S. 23; Lowe im Interview: Dönhoff/Greffrath (1988), S. 44.

[580] Lowe im Interview: Greffrath (1989), S. 140.

[581] Ebd., S. 140 f.; vgl. Lowe (1990), S. 69.

[582] Lowe im Interview: Dönhoff/Greffrath (1988), S. 44.

[583] Lowe im Interview: Greffrath (1989), S. 140.

[584] Goethe, Johann Wolfgang (1958): Aus den Xenien von Schiller und Goethe. Deutscher Nationalcharakter. In: *Gesammelte Werke in sieben Bänden.* Herausgegeben von Bernt von Heiseler. Erster Band, Gedichte. Detmold: C. Bertelsmann Verlag, S. 227; vgl. Lowe (1990), S. 75. Daneben ordnet Lowe auch Karl Marx, Friedrich Nietzsche, Sigmund Freud, Immanuel Kant und Martin Luther in diese Tradition ein. Vgl. Lowe im Interview: Greffrath (1989), S. 142 f.

[585] Die oder der einzelne Engländer:in sei „sich dessen gar nicht bewußt; spontan fühlt er sich vollkommen unabhängig.“ Lowe im Interview: Greffrath (1989), S. 140.

der:innen und die ‚persönliche' oder innerliche Freiheit der Deutschen.[586] Sicherlich gab es viele Gründe für das Versagen der Weimarer Republik, aber ein nicht geringer Grund, so Lowes Urteil, war, dass die Parteien nicht kompromissfähig gewesen seien.[587] Auf dem Boden dieser radikaleren Freiheitsform entfaltete sich zwar auf der einen Seite die Weimarer Republik, aber auf der anderen Seite auch das Hitler-Regime. Lowe resümiert, dass innerliche Freiheit allein „kein stabiles Sozialregime"[588] schaffe.

Aber auch in Bezug auf den scheinbar mustergültigen englischen Nationalcharakter dürfe es „keine falsche Romantik"[589] geben. Englands Harmonie zwischen Individualismus und Kollektivismus, deren Hochphase Lowe in dem Zeitraum von Benjamin Disraelis Reform Bill von 1867 bis kurz nach dem Zweiten Weltkrieg datiert[590], brachte zwar eine „gemeinsame Alltagsethik"[591] hervor, sei aber ebenfalls nur eine Konsequenz jahrzehntelanger „günstige[r]"[592] Umstände gewesen. Genannt seien etwa die geographische Isolierung, die längere Phase ohne gefährliche Außenkonflikte seit dem Untergang der spanischen Armada, der industrielle Vorsprung und vor allem der imperiale Machtumfang.[593] Im Gespräch mit Mathias Greffrath berichtet Lowe:

> „In den ersten Tagen in England traf ich einen englischen Kollegen: ‚Ach, Sie sind hier. Ist ja schön, aber Sie kommen leider dreißig Jahre zu spät. Ja, damals war es noch möglich, alle unruhigen Geister nach Indien zu schicken, und nur die anständigen zurückzubehalten. Das geht nicht mehr, Sie werden was erleben.' In diesem Scherz steckt Wahrheit. Das Ventil, die Nichtkonformisten in die

[586] Vgl. Lowe (1990), S. 13, 72 f. Zur Gegenüberstellung der englischen und der deutschen Tradition vgl. auch Scheler, Max (1923): Der Geist und die ideellen Grundlagen der Demokratien der großen Nationen. In: Ders.: *Nation und Weltanschauung*. II. Band. Schriften zur Soziologie und Weltanschauungslehre. Leipzig: Deutscher Neuer Geist Verlag, S. 66–116.

[587] Vgl. Lowe (1990), S. 77.

[588] Lowe im Interview: Greffrath (1989), S. 143; vgl. auch ebd., S. 140.

[589] Ebd., S. 144.

[590] Vgl. Lowe (1990), S. 63.

[591] Hagemann (2021), S. 493.

[592] Lowe (1990), S. 82.

[593] Vgl. ebd.; Lowe im Interview: Greffrath (1989), S. 144.

> Welt zu schicken und sie kolonisieren zu lassen, war eine entscheidende Bedingung für die englische Konformität."[594]

Wie Lowe hervorhebt, ging es ihm bei diesen Analysen weniger um England selbst, sondern vordergründig darum, „einen Begriff zu bekommen von den Bedingungen politischer Freiheit und Demokratie."[595] Die Suche nach weiteren historischen Modellen des Ausgleichs zwischen Freiheit und Ordnung führt Lowe weit zurück bis zur athenischen Polis. Fündig wird er in Perikles' berühmter Grabrede, die Thukydides in seiner *Geschichte des Peloponnesischen Krieges* überliefert. Dort heißt es:

> „Offen und freundlich in unseren privaten Beziehungen wie wir sind, so verführt uns diese private Freiheit doch nicht zu Gesetzlosigkeit im öffentlichen Leben. Wir gehorchen den legitimen Autoritäten und den Gesetzen, und im besonderen jenen *ungeschriebenen Gesetzen,* deren Mißachtung von der öffentlichen Meinung aufs strengste *mißbilligt* wird."[596]

Zweifelsohne handele es sich bei seinem Appell an die „spontane Konformität" um ein Idealbild.[597] Doch sieht Lowe in der freiwilligen Bereitschaft sich einzuordnen das „einzige Gegengewicht gegen eine autoritäre Lenkung der Gesellschaft"[598]. Solange die Konformität ‚spontan' sei, betrachte er diese durchaus als mit Freiheit vereinbar, wenn sich dies auch auf einem schmalen Grat bewege.[599] Der Preis der politischen bzw. öffentlichen Freiheit sei nun einmal die Selbstbeschränkung des Individuums.[600] Wobei Lowe die ‚Selbstbeschränkung' nicht als freiheitsbeschränkend oder Zwang, sondern als eine „besondere Form von Selbstbestimmung"[601] definiert.

[594] Lowe im Interview: Greffrath (1989), S. 144.

[595] Ebd.; vgl. Lowe (1937), S. 30 f.

[596] Thukydides: *The History of the Peloponnesian War* (Übers. und hrsg. v. Benjamin Jowett). Oxford: Oxford University Press 1900 (dt.: *Der Peloponnesische Krieg*, Bremen: Schünemann 1957). Zitiert nach: Lowe (1990), S. 62.

[597] Vgl. ebd., S. 20.

[598] Lowe im Interview: Greffrath (1989), S. 168.

[599] Vgl. Lowe (1990), S. 20; Lowe im Interview: Dönhoff/Greffrath (1988), S. 43.

[600] Vgl. Lowe (1990), S. 77; Lowe im Interview: Greffrath (1989), S. 141.

[601] Lowe (1990), S. 13; vgl. Lowe im Interview: Dönhoff/Greffrath (1989), S. 43.

Der traditionelle, soziale Stabilität garantierende Lebensstil der Engländer:innen befand sich bereits in der Zwischenkriegszeit, d. h. während Lowes siebenjährigen Aufenthaltes, im Prozess der Auflösung. Das Flugzeug, technologisch überlegene Konkurrenz und die Freiheitsbewegungen der Kolonien beseitigten die Ausgangsbedingungen Stück für Stück. Es war die Wirtschaft, in der als erstem Sektor ein uneingeschränkter Wettbewerb zugelassen wurde.[602] Als die letzten Ausläufer dieser traditionell verankerten Solidarität beschreibt Lowe die Mobilmachung unter der Katastrophe des Zweiten Weltkrieges. Die Nation bewies nochmals eine „höchst dynamische Konformität" und eine „Symbiose aller Klassen"[603], die ihr letztendlich nach Lowes Einschätzung auch zum Sieg verhalf.[604]

Spätestens mit dem Politikstil Margaret Thatchers war Lowes Erläuterungen zufolge aktiv auf die Auflösung bzw. Abwandlung der alten Ordnung hingearbeitet worden.[605] Heute sei die „Nation, die sich vor einem halben Jahrhundert auf eine schrittweise Reformpolitik einigen konnte, […] gespalten in Radikale und Reaktionäre"[606]. Diese neuartige Polarisierung Englands sei längst nicht mehr annähernd beispielhaft.[607]

4.3.6 Eine Lücke im Erziehungssystem

Im ausgehenden 20. Jahrhundert erkennt Lowe nicht etwa eine „gesellschaftliche[] Kraft"[608], sondern im Gegenteil eine „bedenkliche Lücke"[609] im Erziehungssystem.[610] Im erweiterten Verständnis versteht er unter dem Begriff ‚Erziehung' sowohl die intellektuelle Bildung als auch

602 Vgl. Lowe (1990), S. 78.

603 Ebd., S. 80.

604 Vgl. ebd.

605 Vgl. Lowe im Interview: Dönhoff/Greffrath (1988), S. 44.

606 Lowe (1990), S. 82.

607 Vgl. ebd.

608 Ebd., S. 130.

609 Ebd., S. 131.

610 Als persönlichkeitsbildende Faktoren gelten etwa die Familie und ihre geistige und moralische Atmosphäre, die Bildung, politische, geistliche und soziale Institutionen, Kunst, Literatur und Medien. Vgl. ebd., S. 18, 67, 131.

die „*Einpflanzung von Maßstäben für die Wahl der Verhaltensmuster*“[611]. Doch sei, wie er festhält, die harmonische Integration der Ratio mit dem Moralischen im jahrhundertelangen Prozess Stück für Stück verlorengegangen.[612]

Wie etwa Thomas von Aquin in der *Summa theologica* (1485) aufzeigt, müssen an den großen mittelalterlichen Universitäten moralische und rationale Prinzipien noch im Einklang verkündet worden sein. Doch habe sich ab der Epoche des Absolutismus ein „Wandel der administrativen Erziehung“ vollzogen, „der seitdem unverändert blieb.“[613] Keineswegs sei zu bestreiten, dass die spezialisierte Sachkenntnis und die Orientierung an Prüfungsergebnissen im Vergleich zum vorherigen System ein Fortschritt waren.[614] Doch werde seither sowohl an Gymnasien als auch an Universitäten ‚Erziehung‘ ausschließlich mit der intellektuellen Ausbildung gleichgesetzt und die „Beschäftigung mit ‚Werten‘ […] einer speziellen Fakultät als einer unter anderen Forschungsgegenständen anvertraut“[615].

Diese Entwicklung könne uns, so Lowe, unter den Umständen der Moderne, die eigentlich eine neuartige Dimension von Verantwortung fordern, zum Verhängnis werden. Vor allem die gesellschaftlich relevanten Verhaltensweisen der öffentlichen und privaten Kontrolleur:innen – gemeint sind Politiker:innen und Manager:innen (vor allem großer, internationaler Konzerne) – erfordern heute eine ausgereifte Persönlichkeits- und Charakterbildung.[616] Wenn kurzfristigen Profitinteressen und Genüssen ohne Rücksicht auf ein Morgen, allen voran von führenden Verantwortlichen, der Vorrang gegeben wird, dann sei sowohl der „Fortbestand der Makro-Ordnung“ als auch das „Überleben

[611] Ebd., S. 130.

[612] Vgl. ebd., S. 131.

[613] Ebd., S. 130.

[614] Vgl. ebd.

[615] Ebd. Auch die Universitäten Englands jener in Kapitel 4.3.5 beschriebenen Epoche unterschieden sich von denen in Deutschland und Frankreich. So waren sie keine reinen intellektuellen Ausbildungszentren, d. h. sie strebten nicht danach, Gelehrte oder spezialisierte Expert:innen hervorzubringen, sondern einen „sozialen Typus“, genauer gesagt einen „Gentleman-Amateur“ zu erziehen. Ebd., S. 67 f. In Deutschland wiederum erwuchs damals kein Pendant zu dem englischen „Gentleman“ oder französischen „Citoyen“, vgl. ebd., S. 76.

[616] Vgl. ebd., S. 132.

der Mikro-Einheiten“[617] bedroht. Robsons Modell einer funktionierenden Wohlfahrtsgesellschaft sei somit um die einflussreiche Rolle der Kontrolleur:innen zu ergänzen.[618] (Vgl. Kapitel 4.3.3.)

Trotz aller Kritikpunkte und Skepsis führe das oben genannte englische Beispiel aber vor Augen, dass eine *„Loyalität gegenüber einem über das nur Individuelle hinausgehenden ‚Ganzen‘“*[619] auch ohne religiöse (oder andere fremdkontrollierende) Kriterien möglich werden könne. Voraussetzung für die Entwicklung eines solchen über Selbstkontrollen wirksamen Ersatzes, etwa in Form einer neuen spontanen Konformität oder einer „Gemeinschafts-Verantwortung“[620], sei eine stark ausgebildete Urteilskraft seitens der Gesellschaftsmitglieder. Wörtlich heißt es bei Lowe:

> „Die Kriterien für solches Verhalten sind ebenso leicht zu beschreiben, wie sie schwer zu verwirklichen sind – eine *neue Rationalität*, die uns die langfristigen Folgen unserer Handlungen erschließt, und eine *neue Moralität*, die unsere Verantwortung statuiert für einen Umkreis, von dem kein Lebender ausgeschlossen ist und der das Geschick der noch Ungeborenen mitumfaßt – unser ökologisches Anliegen.“[621]

Aktuell untergrabe allerdings der Trend in Richtung Individualismus und Privatisierung das allgemeine Verantwortungsbewusstsein und verkörpere zudem eine „falsche Idee von Freiheit“[622].

4.3.7 Auf dem Weg zu einer Gemeinschaftsethik

Lowe befindet sich nun unmittelbar vor der bereits in den 1960ern mit Hans Jonas diskutierten Fragestellung, inwiefern der Versuch, emanzipatorische Ziele zu verfolgen, eine *„moralische Verpflichtung“*[623]

[617] Ebd., S. 19.

[618] Vgl. ebd., S. 132.

[619] Ebd., S. 131. Hervorhebung im Original.

[620] Ebd., S. 59.

[621] Lowe (1984b), S. 30. Hervorhebung im Original.

[622] Lowe (1990), S. 59.

[623] Ebd., S. 133. Hervorhebung im Original.

sei. Bis zu diesem Punkt hat Lowe auch in seinem Spätwerk stets betont, dass seine Analyse lediglich einen „‚instrumentalen‘ Charakter“[624] trage. Doch verlässt er im vorletzten Kapitel sein bisheriges Metier und begibt sich – wenn auch knappgehalten und mehr als Gesellschaftsanalytiker und weniger als Ökonom – in den transzendentalen Bereich. Wir benötigten nun einmal eine „haltbare Grundlage“[625] für eine gelingende Gegenwartspolitik, d. h. sowohl für die Wahl der Ziele als auch für den weiten Radius der Mittel – auch wenn diese Aufgabenstellung alles andere als leicht sei.[626]

Aber lassen sich die emanzipatorischen Ziele und die Mittel zu ihrer Verwirklichung nicht bereits als allgemein bewiesen und damit bekannt voraussetzen? Schließlich formulierte Jonas bereits die Pflicht der Menschheit zum Dasein[627], d. h. „*daß die Menschheit lebt und am Leben bleibt*“[628], als Bedingung jedes emanzipatorischen Fortschritts. Aber heiße das tatsächlich, dass wir „als *erstes Gebot* für öffentliches und privates Verhalten die *Gegenwart und Zukunft einer sich selbst bestimmenden Menschheit* proklamieren“[629] können? Solange wir es bei der Perspektive eines modernen, verweltlichten, westlich kultivierten Menschen belassen, mögen Jonas’ Formulierungen zutreffen, so Lowes Beurteilung.[630]

Im folgenden Schritt nimmt er Jonas’ Versuch, die traditionelle Ethik um eine Ethik der Gemeinschaft zu ergänzen, als „externes Komplement“[631] in seine Analyse auf und zitiert ihn unter anderem in den Worten: „Wir sollen, denn wir können.“[632] Er stimmt ihm zu, dass die neuartigen Kollektivtaten und -probleme große Gefahren bergen, wir ihnen ebenso nur kollektiv entgegentreten können und dass aus diesem Grund die Bewahrung der Unverletzlichkeit von Menschheit

[624] Ebd., S. 113, 134.

[625] Ebd., S. 135.

[626] Vgl. ebd.

[627] Vgl. Jonas (2020), S. 80.

[628] Lowe (1990), S. 135 f. Hervorhebung im Original.

[629] Ebd.

[630] Vgl. ebd., S. 136.

[631] Krohn (1996), S. 158.

[632] Jonas zitiert nach: Lowe (1990), S. 137.

und Natur „zum obersten Gebot“[633] erklärt werden müsse. Doch legt Lowe Wert auf die Vorläufigkeit dieser Normativität:

> „[A]ls ein Repräsentant des verweltlichten Westens, der in erster Linie zu seinesgleichen spricht, fühle ich mich berechtigt, ein Handlungsprinzip festzulegen, obwohl es in der Dimension des Rationalen nur eine Arbeitshypothese darstellt. […] Wir können sie [die Prinzipien einer Gemeinschaftsethik] nur innerhalb der Grenzen weltlicher Betrachtungen finden, mit dem offenen Zugeständnis, daß ihr oberstes Prinzip die Frucht von Intuition und darum, rational betrachtet, ein gedankliches Wagnis ist.“[634]

Auch wenn dieses ethische Gebot noch immer zu wenig praktische Orientierung liefere, so erhebe es die menschlichen Handlungen doch aus der „reine[n] Willkür“[635] und könne die Gesellschaft vor einer Selbstzerstörung schützen. Schlussendlich habe er hiermit „das höchste Prinzip“, das seinen „praktischen Empfehlungen zugrunde liegt und das zugleich den obersten Grundsatz einer Gemeinschaftsethik darstellt“[636], aufgedeckt. Die Fortführung und Umsetzung gibt Lowe ab hier an die nachfolgenden Generationen, die das „stabile ‚Morgen‘ erleben“[637], weiter.

4.3.8 Zwischenfazit: Die Chancen der Freiheit

Der mit Hans Jonas erarbeitete philosophische Weg habe uns, wie Lowe resümiert, „mit einem Kompass ausgerüstet“[638], der uns in die Richtung einer Stabilisierung und emanzipatorischen Transformation führen könne. Lowe nennt es eine „erste[] Strecke auf dem zielgerechten Pfad zur egalitären Freiheit“[639]. Aber wie steht es um die realistische Chance, dass dieser Weg auch wirklich begangen wird?

[633] Ebd.

[634] Ebd., S. 137 f.

[635] Ebd., S. 138.

[636] Ebd., S. 149.

[637] Ebd., S. 138; vgl. auch ebd., S. 148.

[638] Ebd., S. 139.

[639] Ebd.

Auf diese Frage liefert Lowe im letzten Kapitel zwar eine „klare“[640], aber keinesfalls positive Antwort. Zwei Voraussetzungen müssten hierfür erfüllt sein: Erstens müssten die Verantwortungsträger:innen den Anleitungen des ausgearbeiteten ethischen Kompasses folgen und zweitens sollten die Bürger:innen den Zweck der öffentlichen Ziele erkennen, billigen und ebenso bereit sein, ihre eigenen Verhaltensmuster an diesen zu orientieren.[641] (Vgl. auch Kapitel 2.5.3.3.) Doch dass es hierbei „möglicherweise unüberwindbare[] *Hindernisse*[]“[642] gebe, sei, wie Lowe zurückhaltend beschreibt, nicht zu übersehen.

Im Vergleich zur Frühschrift *The Price of Liberty* ist Lowes Grundton im Spätwerk wesentlich pessimistischer. Während er 1937 noch glaubte, dass die Bevölkerung der westlichen Demokratien den Preis der Freiheit im Rahmen der spontanen Konformität zu zahlen bereit sei, wird er im hohen Alter diesbezüglich immer unsicherer.[643] Er führe seine Untersuchung nunmehr „im Geiste eines nüchternen Realismus, wenn nicht gar Skeptizismus“[644] durch. Statt einer Stärkung des Sozialstaates zeige das vorherrschende politische und kulturelle Klima nämlich in die genau entgegengesetzte Richtung, d. h. beinahe hin zu einer Rückkehr zum Liberalismus des alten Stils.[645]

Mit der Meinung, dass die Übel, die uns gegenwärtig bedrohen, nicht mit einem ökonomischen Laissez-faire, sondern viel eher mit einer konstruktiven demokratischen Planung zu überwinden seien, stand Lowe damals im direkten Gegensatz zu den Ansichten der meisten westlichen Regierungen und der Mehrheit ihrer Wähler:innen.[646] Im breiten öffentlichen Bewusstsein der 1980er Jahre galt die maximale Ausdehnung von Freiheit nur als gesichert, wenn keine oder nur minimale öffentliche Maßnahmen vorhanden seien. Der Staat wurde

[640] Ebd.

[641] Vgl. ebd., S. 118 f., 139. Zudem seien bei jedem Reformprogramm drei Schritte zu kontrollieren: Um welchen zeitlichen Rahmen handelt es sich bei der geplanten Änderung? Welche Größenordnung umfasst sie? Und in welchem Tonfall verfechten wir sie? Vgl. ebd., S. 148.

[642] Ebd., S. 143. Hervorhebung im Original.

[643] Vgl. ebd., S. 5, 149; Krohn (1996), S. 190.

[644] Lowe (1990), S. 84.

[645] Vgl. ebd., S. 61; Schefold (1989).

[646] Vgl. Lowe im Interview: Dönhoff/Greffrath (1988), S. 42.

mehrheitlich als „neue Zwangsinstitution“[647] angesehen, die lediglich, wie in der liberalen Ära, die Rolle eines ‚Nachtwächters‘ einnehmen sollte.[648]

Lowe betont, dass er keineswegs die Leistungen des Liberalismus schmälern wolle[649], doch müsse er das damit verbundene Freiheitsverständnis als fundamental zu kurz gedacht bewerten. Er zitiert den spöttischen Ausspruch des französischen Schriftstellers Anatole France, der besagt, dass Arme und Reiche dann wohl ebenso gleichermaßen die Freiheit hätten, unter der Brücke zu schlafen.[650] Ihm zufolge könne „Freiheit, verstanden als Selbstbestimmung, nur dort bestehen, wo jeder den Zugang zu den Mitteln hat, von denen das Erreichen seiner oder ihrer wichtigsten Ziele abhängt.“[651] Laissez-faire und den sogenannte ‚Nachtwächterstaat‘ erklärt Lowe als „Glaubensartikel“, die vor allem in den USA „tief[] verwurzelt“[652] seien.

Lowes zentrale Kritik lautet, dass versucht werde, „an Einrichtungen und Verhaltensmustern einer früheren Phase des Emanzipationsprozesses – der liberalen Phase – festzuhalten“[653], und es uns nicht weiterbringe, in der starren Dichotomie von Freiheit versus Ordnung zu denken.[654] Dass Letzteres eine Illusion sei, zeigten beispielsweise die Widersprüche der US-Regierung unter Ronald Reagan, in dessen Amtszeit, bei genauer Analyse, ein keynesianisches Beschäftigungsprogramm Anwendung fand.[655] Lowes Untersuchungen zufolge kann eine Beseitigung aller Regulierungen weder die technologische Arbeitslosigkeit beseitigen noch eine sinkende Wachstumsrate umdrehen.[656] Die vorherrschende liberale Form von ‚Freiheit‘ schaffe kein mensch-

[647] Lowe (1984b), S. 31.

[648] Vgl. Lowe (1990), S. 143.

[649] Vgl. ebd., S. 47.

[650] Vgl. ebd., S. 13.

[651] Ebd., S. 14.

[652] Ebd., S. 143.

[653] Ebd., S. 61.

[654] Vgl. Lowe (1984a), S. 348.

[655] Vgl. Lowe (1990), S. 52, 143 f.

[656] Vgl. ebd., S. 57. „[I]n einem ‚freien‘ Markt [gibt es] keinen ‚selbstregulierenden Mechanismus‘“. Ebd, S. 141.

lich vernünftiges Versorgungsergebnis[657], sondern stärke die „Überlegenheit gewisser privater Machtgruppen."[658] (Vgl. Kapitel 2.5.4.)

Wie Lowe erläutert, bedeute Emanzipation eben nicht nur private Freiheit, sondern auch öffentliche Freiheit, d. h. sowohl Gleichheit als auch Verantwortung für die Gegenwart und Zukunft. Doch widerspreche Letzteres jener noch immer vorherrschenden liberalen Ideologie, die, wie Lowe schreibt, „heute im Schafspelz eines neuen Konservatismus"[659] auftrete. Ein authentischer emanzipatorischer Durchbruch kann ihm zufolge nur mit der Bejahung des neuen moralischen Kriteriums gelingen.[660]

Solange die Mehrheit der westlichen Bevölkerung das nicht erkenne, werde die Transformation mit großer Wahrscheinlichkeit scheitern. Es müsste sich die Grundhaltung der breiten Masse ändern, denn aktuell sei die/der westliche Durchschnittsbürger:in nicht bereit, „*kleine, kurz-*

[657] Vgl. Oakley (1987), S. 5 f.

[658] Lowe (1990), S. 144.

[659] „[D]ie Vorkämpfer der jüngsten Emanzipation [sind] eingedenk ihrer wohlverstandenen Ordnungsbedingungen – die wahren Konservativen." Lowe (1984b), S. 33. In *Hat Freiheit eine Zukunft?* versucht Lowe, weitgehend auf die Begriffe ‚liberal' und ‚konservativ' zu verzichten, da die Bezeichnungen mehrere Wandlungen durchlaufen haben. Historisch steht der Begriff ‚liberal' für ein Minimum an Interventionen. In den USA gelten ‚Liberale' allerdings im Gegensatz dazu als Fürsprecher:innen von öffentlichen Kontrollen. Auch der Begriff ‚konservativ' hat in der zeitgenössischen Auslegung (d. h. mit dem Fokus auf die persönliche Freiheit und eine Laissez-faire-Wirtschaft) kaum noch mit den ursprünglichen Ideen zu tun. „Wirklich konservativ war Burke, auch Hegel; aber die haben nicht die Freiheit des Marktes gepredigt. Die haben nicht einmal die Freiheit des Individuums gepredigt. Ihnen kam es darauf an, stabile Gesellschaften zu schaffen. Und sie waren davon überzeugt, daß im Rahmen einer solchen Gesellschaft genug Lebensraum für Individualismus sein würde. Es ist der Pseudo-Konservatismus, der ein radikal individualistisches Ideal hat mit lediglich kleinen Verzierungen, die der traditionellen Moral entsprechen. In allen Dingen aber, in politischen Fragen, vor allem in der Marktorganisation, sind sie extreme Liberale im alten Sinn. Ihre Haltung ist voller Widersprüche." Lowe im Interview: Dönhoff/Greffrath (1988), S. 43. Alternativ spricht Lowe bevorzugt von ‚Planungsgegnern' und ‚Planern' oder auch von Wohlfahrtsstaat-Gegnern und -Befürwortern. Vgl. Lowe (1990), S. 46 f.

[660] Vgl. Lowe (1984b), S. 33.

fristige Opfer zu bringen, um langfristige Interessen zu sichern“[661]. Außerdem verschaffe die Instabilität einzelnen, mächtigen Interessengruppen Vorteile.[662]

Wenn es um die Durchführung des Reformprogramms geht, werden Lowes Gedanken folglich immer düsterer. Er beschreibt, dass sich auf den kapitalistischen Märkten des Westens nur „durchgewurstelt“[663] und wirklichen Lösungen der gegenwärtigen Probleme ausgewichen werde. Der Trend geht seiner Diagnose zufolge weiter in Richtung Destabilisierung.[664] Des Weiteren warnt er, dass (Friedens-)Bündnisse nicht vor imperialistischen Ambitionen bewahren[665] und dass Freihandel keineswegs ökonomische Einheit und Frieden erzeuge.[666]

In seinen früheren Schriften „hoffte“ Lowe noch auf eine Reihe kleinerer Katastrophen, aus denen Gesellschaft und Politik längerfristige Lehren ziehen könnten.[667] Gemeint waren hiermit nicht Atomkriege, aber doch „Katastrophen, die den durchschnittlichen Menschen direkt betreffen.“[668] Auf diese Weise würden meist Dinge möglich, die vorher unmöglich erschienen.[669] Aber auch diese Haltung muss Lowe an dieser Stelle revidieren. Schließlich habe noch nicht einmal Tschernobyl geholfen.[670] Ereignisse, die die Welt erschüttern, hätten,

[661] Lowe (1990), S. 90. Aktuell sei die „Aussicht gering“, dass die breite Masse Wohlstand und Wachstum „gegen frische Luft, sauberes Wasser und bessere Gesundheit eintauschen“ werde. Lowe (1984a), S. 367. Lowe sieht in Aldous Huxleys Roman *Schöne neue Welt* (1932) eine „realistische[] Deutung der uns bevorstehenden Zukunft“. Lowe (1990), S. 146.

[662] Vgl. Lowe (1990), S. 143.

[663] Lowe spricht von „Sich-Durchwursteln“. Ebd., S. 79, 144, 147.

[664] Vgl. ebd., S. 144.

[665] Vgl. ebd., S. 40.

[666] Vgl. ebd., S. 41. Die wichtigste Voraussetzung für diese Reformen sei mindestens ein ‚kalter Frieden‘ zwischen den Großmächten. Vgl. ebd., S. 88, 140.

[667] Lowe untersucht, inwieweit eine „Katastrophe als Geburtshelferin spontaner Konformität“ fungieren könne. Lowe (1990), S. 80. Können nur „kleine Katastrophen“ die zum Überleben der Menschheit notwendige neue Gemeinschaftsethik herausbilden? Vgl. Hagemann (1997a), S. 320. Vgl. auch Lowe (1971), S. 572, 580.

[668] Lowe im Interview: Greffrath (1989), S. 166.

[669] Vgl. ebd.

[670] Vgl. Lowe (1990), S. 145; Lowe im Interview: Dönhoff/Greffrath (1988), S. 44.

so Lowe, zwar einen „gewissen Eindruck auf die öffentliche Meinung“[671], aber doch keine nachhaltige Wirksamkeit.

Dass Lowe in Bezug auf die Frage, ob Freiheit eine Zukunft habe, skeptisch ist, unterstreicht ebenfalls das Fragezeichen im Titel.[672] Doch resigniert er keineswegs am Ende des Buches. Seine „Hoffnung auf den Gestaltungswillen der Menschen“[673] bewahrt sich Lowe bis zum Schluss. Nötig sei eine „Aufklärung über die notwendigen institutionellen Reformen und über die Grenzen dessen, was heute an Reform möglich ist.“[674]

[671] Lowe im Interview: Dönhoff/Greffrath (1988), S. 44.

[672] Vgl. ebd., S. 42.

[673] Krohn (1996), S. 191.

[674] Lowe im Interview: Dönhoff/Greffrath (1988), S. 44.

5. Schluss

5.1 Zusammenfassende Gegenüberstellung: Die wesentlichen Unterschiede und Gemeinsamkeiten zwischen Adolph Lowe und Hans Jonas[675]

Wie diese Arbeit offenlegt, besteht eine enge Verknüpfung zwischen Lowes Wirtschaftsphilosophie und Jonas' Verantwortungsethik. Lowes Brief aus dem Sommer 1966 an Jonas, ihr wirtschaftsethischer Diskurs im Rahmen des Lowe-Symposiums sowie das *Freiheits*-Buch bestätigen die anfängliche Hypothese dieser Arbeit, dass sich Jonas' *Prinzip Verantwortung* als ein ethisches Fundament für Lowes *Politische Ökonomik* lesen lässt. Und mehr noch: Das *Prinzip Verantwortung* muss entscheidend – wie auch Böhler und Herrmann in der *Kritischen Gesamtausgabe der Werke von Hans Jonas* feststellen – mit und durch Lowe vorbereitet und konkretisiert worden sein.[676]

Obwohl Lowe und Jonas aus unterschiedlichen Perspektiven schauen, kommen sie doch, wie auch Claus-Dieter Krohn schreibt, zu einer „erstaunlichen Übereinstimmung in der Analyse der modernen Welt"[677]. Lowe bezeichnet ihren fruchtbaren Dialog im genannten Brief als eine „produktive Distanz" – „nah genug für gegenseitiges Verständnis und weit genug für herausfordernde Fragen". Das „Produktivste" an ihrem Austausch sei, wie er schreibt, dass sie nicht nur ein wohlwollendes Interesse an dem Anliegen des anderen hätten,

[675] Eine noch detailliertere Gegenüberstellung der Werke *Politische Ökonomik* von Adolph Lowe und *Das Prinzip Verantwortung* von Hans Jonas wäre ein weiteres Forschungsprojekt wert.

[676] Vgl. Böhler/Herrmann (2017), S. XXXII. Lowes Instrumentalanalyse soll als Handlungsleitlinie für praktische Wirtschaftspolitik dienen (z. B. Lowe 1984a, S. 280) und Jonas' moralische Prinzipienlehre politische Zielsetzungen und Maßnahmen „mit weitreichenden Konsequenzen in der Zukunft moralisch […] rechtfertigen". Nielsen-Sikora (2017), S. 226.

[677] Krohn (1996), S. 153.

sondern dass ihr „Antrieb letztendlich derselbe“[678] sei. Beide suchen nach Wegen für ein lebensfähiges Morgen, beiden geht es darum, den „historical process from blind motion into responsible action“[679] zu transformieren.

5.1.1 Unterschiede: Zur Wirtschaftsphilosophie Adolph Lowes

Zu den wesentlichsten Unterschieden gehört, dass Lowe im Rahmen seiner ökonomischen Studien am Werterelativismus festhält. Ausgewählte Makroziele gelten nach Lowes Verständnis jeweils nur für ein bestimmtes Wirtschaftssystem und in einer bestimmten Phase der Geschichte.[680] Laut Böhler und Herrmann gipfelt diese Diskussion zur Begründung der wirtschaftlichen Ziele zwischen Lowe und Jonas letztendlich im „Spannungsverhältnis“ und in der „wechselseitige[n] Ergänzung von Positivismus bzw. analytischer Philosophie einerseits und Existentialismus bzw. privater Gewissensmoral andererseits.“[681] Kritisch angemerkt werden muss zu dieser vereinfachten Einordnung allerdings, dass Lowe kein „Wertabsolutist“[682] war. Er stimmt Jonas' normativen Prinzipien, wenn auch nicht intrinsisch, doch aber extrinsisch vor dem Hintergrund der drängenden Gegenwarts- und Zukunftsprobleme der modernen, westlichen Gesellschaft zu. Aufgrund des aus Lowes Sicht unabdingbaren modalen Platzes der Ökonomie dürfe die Einbeziehung der normativen Wissenschaft nicht innerhalb der ökonomischen Theorie erfolgen, sondern müsse innerhalb einer engeren interdisziplinären Kooperation zum Ausdruck kommen. Dass Lowe Jonas' Gemeinschaftsethik einige Jahre später selbst im Rahmen einer ausführlichen Gegenwartsanalyse als höchstes Prinzip seiner *Politischen Ökonomik* einordnet, bleibt in Jonas' *Kritischer Gesamtausgabe* leider unbeachtet.

[678] Lowe (1966): Letter to Hans Jonas, unpublished, S. 1. Übersetzungen der Verfasserin. Vgl. hierzu auch Jonas (1974), S. 81 (Fn. 1).

[679] Lowe (1969b), S. 193.

[680] Vgl. auch Oakley (1987), S. 11.

[681] Böhler/Herrmann (2017), S. XXXIII.

[682] Lowe (1969a), S. 35. Übersetzung der Verfasserin.

Der Ökonom Lowe, der seinen Fokus stets betont auf den zweiten Schritt seiner Politischen Ökonomik legte, d. h. auf die Analyse, was getan werden könnte, um ein bestimmtes Ziel auf die effizienteste Weise zu erreichen, begibt sich, ähnlich wie ihn Jonas in den 1960er Jahren aufgefordert hatte, im *Freiheits*-Buch doch noch in den Bereich der Werturteile – was ihn, als ein Ergebnis dieser Arbeit, abermals als Wirtschaftsphilosophen auszeichnet. Um die Gefahren für das Überleben der Menschheit und die Unverletzlichkeit der Natur abzuwenden, hält er die neue Gemeinschaftsethik für notwendig. Auch Harald Hagemann beschreibt Lowes „wirtschaftsphilosophische Vorstellungen“ als „wesentlich in der Kantianischen Tradition der Verantwortungsethik verankert“[683].

5.1.2 Parallelen: Eine zukunftsverantwortliche Wirtschafts- und Gesellschaftsform

Auffällig sind neben den inhaltlichen aber auch methodische Parallelen zwischen Lowes *Politischer Ökonomik* und Jonas' *Prinzip Verantwortung*. Beide Werke unterziehen ihre eigene Disziplin einer kritischen Untersuchung und bei beiden lautet das Ergebnis, dass die herrschenden Theorien im Kontext der modernen Situation veraltet seien und damit kaum noch greifen. Lowe diagnostiziert eine „Kluft“[684] in der Wirtschaftstheorie und Jonas ein „Vakuum“[685] in der Ethiktheorie. Im Anschluss versuchen beide, ihre Theorien mit neuen Einsichten und Methoden an die Moderne anzupassen. Hinzu kommt, dass sie jeweils ihre Forschungsobjekte ‚zurückweisen‘: Lowe weist die Wirtschaft auf ihren Platz innerhalb der Gesellschaft, als einen Bereich der Sozialwissenschaft, zurück[686] und Jonas weist den Menschen auf

683 Hagemann (2021), S. 495.

684 Lowe (1984), S. 7.

685 Jonas (2020), S. 9, 58 f.

686 Vgl. Lowe (1984), S. 9; Löwe (2003); Uchatius, Wolfgang (2009): Zusammen leben. Adolph Lowe. In: *Die Zeit*. Nr. 47. Verfügbar unter: http://www.zeit.de/2009/47/Vorbilder-Loewe (Stand: 15. Mai 2023).

einen bescheideneren Platz innerhalb der Natur zurück.[687] Wichtig ist hierbei, dass beide die herrschenden Verfahrensweisen keineswegs grundlegend ablehnen, sondern diese lediglich an die neue moderne Situation anpassen und sie ergänzen wollen.[688] Kurzum: Sowohl Lowes Instrumentalanalyse als auch Jonas' Kollektivethik entstehen vor dem Hintergrund des modernen Emanzipationsprozesses.

Im Mittelpunkt beider Hauptwerke steht die Dialektik der modernen Situation. Das Spektrum an möglichen Handlungsmaximen habe sich im Vergleich zu früheren Zeiten erheblich vergrößert.[689] Moderne Technologien können sowohl zu Massenwohlstand als auch zu Massenzerstörung führen.[690] Demnach sei die Zukunft der neuen Ära offen, und der Mensch trage eine erhebliche Mitverantwortung für die zukünftige Natur und Menschheit.[691] In diesem Zusammenhang fragen beide, wie sich die zeitliche und räumliche Dimension von Verantwortung verlängern bzw. vergrößern lasse[692], und betonen die wachsende Rolle der Politik in der Moderne.[693]

Wie Lowe erläutert, sind Jonas' Begriffe der ‚Lebensfähigkeit' und ‚Verantwortung' gleichzusetzen mit seinem Begriff der ‚Ordnung'[694], und auch Lowes Modell der ‚spontanen Konformität' passt konzeptionell zu Jonas' Verantwortungsprinzip.

[687] Vgl. Nielsen-Sikora (2017), S. 237; Jonas im Interview: Matussek, Matthias/Kaden, Wolfgang (1992): „Dem bösen Ende näher". *Spiegel*-Gespräch mit dem Technik-Philosophen Hans Jonas über den Umgang der Menschheit mit der Natur. In: *Der Spiegel,* Nr. 20, S. 107.

[688] Vgl. Lowe (1984), S. 9; Jonas (2020), S. 24--27, 54.

[689] Vgl. Lowe (1984), S. 77; Jonas (2020), S. 9 f.

[690] Vgl. Lowe (1971), S. 568.

[691] Vgl. Wolfgang Huber in: Kieler Podium mit Karl-Otto Apel, Björn Engholm, Wolfgang Huber, Hans Küng, Reinhard Löw, Reinhard Merkel und Wilfried Röhrich, 1990. In: Böhler/Herrmann (2017), S. 390.

[692] Vgl. Lowe im Interview: Greffrath (1989), S. 167; Jonas (2020), S. 11; Nielsen-Sikora (2017), S. 215 f.

[693] Vgl. Lowe (1984), S. 112; Jonas (2020), S. 38 f., 209-216; Jonas, Hans (1992): Zur ontologischen Grundlegung einer Zukunftsethik. In: ders.: *Philosophische Untersuchungen und metaphysische Vermutungen.* Frankfurt a. M./Leipzig: Insel-Verlag, S. 142; Krohn (1996), S. 157 f.

[694] Vgl. Lowe (1969b), S. 198 f.

Letztendlich plädieren sie auf ähnliche Weise für einen Ausgleich zwischen individueller Freiheit und gesellschaftlicher Stabilität, Markt und Planung, Kapitalismus und Sozialismus, Freiheit und Verantwortung[695], d. h., sie fordern das Aufbrechen festgefahrener Dichotomien.

Bei beiden geht es um die Gestaltung der Wirklichkeit und um die Herausforderung einer aktiven Selbstbeschränkung. Lowes Aussage „Selbstbeschränkung ist keine Unfreiheit“[696] trifft folglich nach dieser Analyse auch auf Jonas' Ansatz zu. Zusätzlich ist bei beiden ein Bewahrungsmotiv zu erkennen.[697]

Die Klima- und Umweltkrise charakterisieren beide weniger als ein wissenschaftliches, technologisches oder physikalisches Problem, sondern vielmehr als ein politisches, gesellschaftliches und kulturelles Problem.[698] Sie begeben sich auf die Suche nach einer nachhaltigeren, zukunftsverantwortlicheren Wirtschafts- und Gesellschaftsform[699] und fordern Instrumente, die den demokratischen Prozess zur Bewältigung der Krise(n) tauglicher machen.[700]

Und auch im Hinblick auf die Umsetzung äußern sich beide skeptisch. Die moderne Situation beinhalte die „größten Herausforderung[en], die je dem menschlichen Sein aus eigenem Tun erwachsen“[701] sind,

[695] Vgl. Jonas (2020), S. 297–299; Adolph Lowe im Interview: Dönhoff/Greffrath (1988), S. 43. An dieser Stelle muss betont werden, dass auch Jonas stets freiheitliche Systeme und Rechtsstaatlichkeit vorzog. Im Rahmen der Fragestellung, wie sich die Menschheitskatastrophe verhindern lässt, prüft und erwägt er zwar totalitäre Systeme – mit der Begründung, dass es die Aufgabe eines Philosophen sei, ohne Vorbehalte alle Möglichkeiten zu durchdenken –, aber er erblickt sie nicht. Dies ist ein entscheidender, oft übersehener Unterschied. Vgl. z. B. Dammaschke, Mischka / Gronke, Horst / Schulte, Christoph (1993): Der ethischen Perspektive muß eine neue Dimension hinzugefügt werden. Interview mit Hans Jonas. In: *Deutsche Zeitschrift für Philosophie.* Berlin, XLI, Nr. 1, S. 97–99; vgl. auch Nielsen-Sikora (2017), S. 255.

[696] Lowe im Interview: Dönhoff/Greffrath (1988), S. 43; vgl. auch Jonas (2020), S. 377.

[697] Vgl. Jonas (2020), S. 75; Lowe (1990), S. 137.

[698] Vgl. Jonas (2020), S. 320; Lowe (1971), S. 568 f.; Lowe (1990), S. 55.

[699] Zu Jonas vgl. etwa Böhler/Herrmann (2017), S. XXI-XXII.

[700] Vgl. Lowe (1971), S. 569–572; Jonas im Interview: Dammaschke et al. (1993), S. 99.

[701] Jonas (2020), S. 9.

und diese auf demokratischem Wege zu lösen, werde eine Herkulesaufgabe.[702] Aber sowohl Lowe als auch Jonas verfallen nicht in Resignation, sondern appellieren an die menschliche Denkkraft. Dieselbe, die uns in die Misere geritten habe, müsse nun aufgebracht werden, um uns herauszuholen.[703] Wie Jonas schreibt, fange die Menschheit mit jedem Kind, das geboren werde, neu an.[704]

5.2 Fazit

Die Frage, ob eine soziale und ökologische Wirtschaftsordnung möglich sei, lässt sich auch heute noch mit den Worten Lowes aus den 1980ern, d. h. klar, aber keineswegs positiv, beantworten. Ja, ein solcher Strukturwandel ist möglich. Und ja, auch wenn uns nun einige Klima-Kipppunkte unmittelbar bevorstehen, bleibt uns noch Zeit, das Problem zu bewältigen. Das heißt, ja, es bestehen Lösungen und wir müssen weiterhin alle Kräfte auf diese konzentrieren. Doch ist eine zentrale Voraussetzung, dass die Transformation im breiten Konsens gewollt und getragen wird. Wie ebenfalls mit Lowe deutlich wird, geschieht Zukunft nicht einfach nur, sondern muss aktiv gestaltet werden. Es ist nicht der Kapitalismus an sich, sondern ein vom Menschen

[702] Zu Lowe vgl. Lowe im Interview: Greffrath (1989), S. 162 f.

[703] Zu Jonas vgl. Dammaschke et al. (1993), S. 99; Böhler/Herrmann (2017), S. XXVIII. Lowe teilt Jonas' Skepsis gegenüber der Bloch'schen Utopie, ordnet sich aber in der Mitte zwischen Bloch und Jonas ein: „Wie Du weisst, stehe ich irgendwo zwischen Dir und Bloch. Auch ich halte die Idee der ‚Realutopie' fuer verfehlt." Lowe, Adolph (1977): Brief an Hans Jonas, August 13; 1 Seite. Unveröffentlichtes Manuskript. In: Philosophisches Archiv der Universität Konstanz. Hans Jonas-Sammlung. Briefwechsel Hans Jonas – Adolf Lowe. HJ 4-3-19. (Anfrage vom 24.7.2021). Siehe Bloch, Ernst (1954): *Das Prinzip Hoffnung.* 3 Bände. Berlin: Aufbau-Verlag. Näheres zu Jonas' Kritik an Bloch vgl. Zimmermann, Rainer E. (2021): Bloch. In: *Hans Jonas-Handbuch: Leben – Werk – Wirkung.* Hrsg. v. Michael Bongardt, Holger Burckhart, John-Stewart Gordon und Jürgen Nielsen-Sikora. Berlin/Heidelberg: J. B. Metzler, S. 35–39. Zur Freundschaft zwischen Lowe und Bloch vgl. Krohn (1996), S. 145–153, 157. Auch die Position Lowes zwischen Jonas und Bloch ist bislang unzureichend erforscht.

[704] Vgl. Jonas (2020), S. 413.

geschaffenes und damit durchaus veränderbares System, das das Problem verursacht.[705]

In einem ersten Schritt aus der Lähmung müssten wir in aller Ehrlichkeit zugeben, dass wir uns derzeit in die entgegengesetzte Richtung bewegen. Die Wirklichkeit dürfte nicht mehr verklärt werden. In einem zweiten Schritt müssten daraufhin eine Reihe von Maßnahmen sowohl auf der institutionellen als auch auf der individuellen und kulturellen Ebene Anwendung finden.[706] Lowes Fragen nach angemessenen Anpassungspfaden und zieladäquaten Verhaltensmustern sowie den „Chancen für die Verwirklichung einer gleichzeitig stabilen und freiheitlichen Ordnung“[707] sind folglich noch so zeitgemäß wie vor vielen Jahrzehnten.

Seine Werke, die detailreiche Einsichten in die Geschichte des ökonomischen Denkens liefern, ermutigen dazu, die Wirtschaft und Wirtschaftslehre zu hinterfragen und neu zu denken. Für den heutigen Krisendiskurs sind hierbei vor allem drei Aussagen von Bedeutung: Erstens legen seine Analysen offen, dass für Klima und Soziales, die keine Gegensätze sind, sondern immanent zueinander gehören und den Erhalt von Freiheit garantieren, in der traditionellen Wirtschaftslehre kein Platz vorgesehen ist. Zweitens sollten wir weniger von „Verzicht“ und mehr von aktiver und vor allem positiver „Selbstbeschränkung“ sprechen. Ohne Zweifel wird die Transformation schwer, aber sie ist kein Verzicht, sondern ein Wechsel. Es ist ein notwendiger Wechsel nicht nur zum Schutz von Eisbären und Korallenriffen, sondern zum Schutz unserer offenen, freien Gesellschaft, Demokratie und Rechtsstaatlichkeit.[708] Besonders mit der Emissionsneutralität wartet eine lebenswerte Zukunft auf uns. Das ist kein Verlust, sondern ein Gewinn. Und drittens führt die Beschäftigung mit Lowe die bittere Tatsache vor Augen, dass wir auch heute noch an Einrichtungen und Verhaltensmustern

[705] Vgl. auch Heuser, Uwe Jean (2022): „Jeder Mensch hat die Wahl“. Interview mit Dennis Meadows. In: *Die Zeit*, Nr. 21 (6. Oktober), S. 31. Verfügbar unter: https://www.zeit.de/2022/41/dennis-meadows-wirtschaftswachstum-klimakrise (Stand: 15. Mai 2022).

[706] Vgl. auch Lowe (1990), S. 5.

[707] Ebd.

[708] Vgl. auch Habeck, Robert: Ein politischer Imperativ. Nachwort. In: Jonas (2020), S. 418.

festhalten, die nicht mehr unserer Zeit entsprechen und im direkten Widerspruch zur erforderlichen Transformation stehen.[709] Dass wir es bisher nicht geschafft haben, in eine „zweite Phase der Emanzipation" einzutreten, erläuterte der Ökonom Dennis Meadows, der Mitautor von *Die Grenzen des Wachstums. Bericht des Club of Rome zur Lage der Menschheit* (1972), vor kurzer Zeit in einem Interview mit Uwe Jean Heuser ähnlich:

> „Eine Voraussetzung für eine nachhaltige Gesellschaft ist, dass die Menschen nach einem ‚Genug' streben statt nach einem ‚Mehr'. […] Haben Sie Kinder? […] Bei der Geburt waren Sie stolz, wenn die Kinder stark und schwer waren. Auch als sie etwas älter wurden, waren Sie froh zu sehen, dass sie wuchsen und zunahmen. Aber irgendwann wollen Sie, dass das Wachstum aufhört und die Kinder an ihrer Entwicklung arbeiten. Dann sollen sie sich nicht Pfunde zulegen, sondern Sprachkenntnisse. Und genau diesen Übergang haben wir als Gesellschaft nicht geschafft. Wir sind immer noch besessen von physischer Expansion."[710]

Für die Ansicht, dass es keine Sicherheit dafür gibt, dass das „ökonomische[] Laissez-faire die Übel überwinden kann, von denen wir heute bedroht sind"[711], musste Lowe zu Lebzeiten viel Kritik einstecken.[712] Schließlich forderte er staatliche Reformen in einer Zeit, in der die Deregulierung gerade Fahrt aufnahm.[713] Dass es Lowe hierbei aller-

[709] Vgl. Lowe (1990), S. 5, 61; Lowe (1969a), S. 13.

[710] Dennis Meadows im Interview: Heuser (2022), S. 31.

[711] Lowe (1990), S. 47.

[712] Vgl. Lowe (1969a), S. 36; Oakley (1987), S. 5; Hagemann (1984), S. 22.

[713] Vgl. auch Schefold (1989). Kenneth E. Boulding kritisiert etwa, dass in der *Politischen Ökonomik* „Dynamit" (Lowe im Interview: Greffrath (1989), S. 163) stecke. Lowes Verfahren könne von politischen Regierungen, vor allem Diktaturen, missbraucht werden. Vgl. Boulding (1965), S. 142. Lowe war sich dieser Kritik bewusst – entgegnete aber, dass die Methode „auf jeden Typus von Marktsystemen anwendbar" (Lowe (1984a), S. 184) und „politisch neutral" (Lowe im Interview: Greffrath (1989), S. 164) sei. Steuerung sei „im Wesen jeder Regierungsform verankert". Lowe (1984b), S. 32.

dings um die Dialektik von Freiheit und Verantwortung ging, wurde vielfach nicht gesehen.[714]

Auch dass Jonas auf die Lowe'sche Frage, nach welchen Kriterien sich Wirtschaftspolitik und die Auswahl der Ziele beurteilen lassen, mit einem wirtschaftsethischen Imperativ, d. h. letztendlich (im erweiterten Gegenstandsbereich) mit dem *Prinzip Verantwortung* antwortete und sie das ökologische Problem bereits einige Jahre vor der Veröffentlichung des *Club-of-Rome*-Berichts im ökonomischen Kontext behandelten, bedarf dringend weiterer Forschung.

Zum Abschluss dieser Arbeit lässt sich die These aufstellen, dass Lowes *Politische Ökonomik* das ‚Prinzip Verantwortung' der Wirtschaftswissenschaft darstellt. Denn genau wie Jonas ist auch Lowe, wie Harald Hagemann schreibt, ein „Verantwortungsethiker"[715]. Er bettet den Menschen als moralisches Vernunftwesen in die Ökonomik ein.[716] Im Jahr 1967 schreibt Leo Strauss an Lowe:

> „Vor Jahren war ich bereichert von Lord Keynes, einer erstklassigen, aber ganz unphilosophischen Intelligenz. Ihr Denken ist sich der philosophischen Dimension bewußt. Ich frage mich, ob man das von irgendeinem anderen lebenden ‚economist', jedenfalls in Anglosaxony sagen kann."[717]

Die Diskussionsbeträge der Lowe-Symposien soll der Ökonom Jakob Marschak mit der Frage auf den Punkt gebracht haben, wie sein Enkel nun studieren müsse, um ein guter Ökonom zu werden. Dass die Wirtschaftswissenschaft auf interdisziplinäre Forschungen angewiesen sei, sei deutlich geworden, doch „all this is not taught in today's economics classes."[718]

[714] Im Interview erläutert er: „Für die Gegenwart und die nächste Zukunft strebe ich nicht mehr an als die politische und wirtschaftliche Stabilisierung eines die Freiheit auf breitester Grundlage respektierenden, organisierten Kapitalismus." Lowe im Interview: Dönhoff/Greffrath (1988), S. 43. Stets ging es ihm um den größtmöglichen Spielraum für Selbstbestimmung. Vgl. Dönhoff (2000), S. 145.

[715] Hagemann (1983), S. 2.

[716] Vgl. Zinn (1986), S. 111.

[717] Leo Strauss an Adolph Lowe, 11. April 1967. Zitiert nach: Krohn (1996), S. 130.

[718] J. Marschak, Remarks at the Adolph Lowe Symposium, Febr. 9, 1968, Mskr., Nachlass Machlup 53, Stanford University, Hoover Institution. Zitiert nach: Ebd., S. 136.

In Bezug auf Lowes *Hat Freiheit eine Zukunft?* darf abschließend nicht unerwähnt bleiben, wie erschreckend aktuell sich diese „Zeitdiagnose“[719] nach der Corona-Pandemie und Russlands Angriffskrieg auf die Ukraine liest. So nimmt er auch den Trugschluss vom „Wandel durch Handel“, der uns aktuell einholt, vorweg.

719 Bertram Schefold in: Lowe (1990), Klappentext.

Literaturverzeichnis

Beckmann, Ulf (2000): *Von Lowe bis Leontief. Pioniere der Konjunkturforschung am Kieler Institut für Weltwirtschaft.* Beiträge zur Geschichte der deutschsprachigen Ökonomie. Hrsg. v. Birger P. Priddat und Heinz Rieter. Marburg: Metropolis-Verlag.

Bloch, Ernst (1954): *Das Prinzip Hoffnung.* 3 Bände. Berlin: Aufbau-Verlag.

Böhler, Dietrich / Herrmann, Bernadette (2017): *Hans Jonas. Das Prinzip Verantwortung. Zweiter Teilband: Tragweite und Aktualität einer Zukunftsethik.* Lizenzausgabe für die WBG. Freiburg i. Br./Berlin/Wien: Rombach Verlag KG.

Boulding, Kenneth E. (1965): On Economic Knowledge: Toward a Science of Political Economics by Adolph Lowe. Review. In: *Scientific American*, Vol. 212, No. 5 (May), S. 139–143.

Carson, Rachel (2019): *Der stumme Frühling.* Amerikanische Originalausgabe (1962): *Silent Spring.* Übersetzt von Margaret Auer. 5. Auflage. München: C.H. Beck.

Colm, Gerhard (1969): Die heillose Wissenschaft und das „Summum Bonum". Bemerkung zu Adolph Lowes „Politische Ökonomik". In: *Hamburger Jahrbuch für Wirtschafts- und Gesellschaftspolitik.* Hrsg. v. Heinz-Dietrich Ortlieb, Bruno Molitor und Werner Krone. 14. Jahr. Tübingen: J.C.B. Mohr (Paul Siebeck), S. 221-225.

Dammaschke, Mischka / Gronke, Horst / Schulte, Christoph (1993): Der ethischen Perspektive muß eine neue Dimension hinzugefügt werden. Interview mit Hans Jonas. In: *Deutsche Zeitschrift für Philosophie.* Berlin, XLI, Nr. 1, S. 91-99.

Deutsche IPCC-Koordinierungsstelle / DLR Projektträger (2023): *Synthesebericht zum Sechsten IPCC-Sachstandsbericht (AR6). Hauptaussagen aus der Zusammenfassung für die politische Entscheidungsfindung (SPM).* Version vom 20. März 2023). Verfügbar unter: https://www.de-ipcc.de/media/content/Hauptaussagen_AR6-SYR.pdf (Stand: 15. Mai 2023).

Die Bundesregierung (2023): *EEG 2023: Ausbau erneuerbarer Energien massiv beschleunigen.* In: Energie und Klimaschutz. 1. März 2023. Verfügbar unter: https://www.bundesregierung.de/breg-de/themen/klimaschutz/novelle-eeg-gesetz-2023-2023972 (Stand: 15. Mai 2023).

Dönhoff, Marion Gräfin / Greffrath, Mathias (1988): Selbstbeschränkung ist keine Unfreiheit. Über die Abrüstung, die Zukunft des organisierten Kapitalismus und die Chancen demokratischer Planung. Interview mit Adolph Lowe. In: *Die Zeit*, Nr. 21 (20. Mai), S. 41-44. Verfügbar unter: https://www.zeit.de/1988/21/selbstbeschraenkung-ist-keine-unfreiheit (Stand: 15. Mai 2023).

Dönhoff, Marion Gräfin (1993): Zum 100. Geburtstag von Adolph Lowe. Der philosophische Ökonom. In: *Die Zeit*, Nr. 09. Verfügbar unter: http://www.zeit.de/1993/09/der-philosophische-oekonom/komplettansicht (Stand: 15. Mai 2023).

Dönhoff, Marion Gräfin (2000): „... so wurde ich fast unmerklich zu einem kritischen Weltbürger erzogen.". Laudatio für Adolph Lowe. In: *Forschung Frankfurt: das Wissenschaftsmagazin der Goethe-Universität*, Nr. 18 (3), S. 144-147.

Edel, Abraham (1969): Ends, Commitments, and the Place of Ignorance. In: *Economic means and social ends. Essays in Political Economics.* Hrsg. v. Robert L. Heilbroner. Englewood Cliffs, New Jersey: Prentice-Hall, S. 89-97.

Ekins, Paul (1992): *The Gaia Atlas of Green Economics.* The Gaia future series. 1st ed. New York: Anchor Books.

Engelhard, Peter (2010): *Die Ökonomen der SPD. Eine Geschichte sozialdemokratischer Wirtschaftspolitik in 45 Porträts.* Bielefeld: transcript, S. 59-61.

Enkelmann, Wolf Dieter (2014): Was ist Wirtschaftsphilosophie? – Bedingungen und Kriterien. In: *Was ist? Wirtschaftsphilosophische Erkundungen. Definitionen, Ansätze, Methoden, Erkenntnisse, Wirkungen.* Reihe Wirtschaftsphilosophie. Hrsg. v. Wolf Dieter Enkelmann und Birger P. Priddat. Band 3.1. Marburg: Metropolis-Verlag, S. 141-172.

Forstater, Mathew (1998): Imagining the Possibilities: The Dissent of Adolph Lowe. In: *Economics and its Discontents.* Hrsg. v. Richard P. F. Holt und S. Pressman. Cheltenham: Edward Elgar.

Forstater, Mathew (1999): Working Backwards: Instrumental Analysis as a Policy Discovery Procedure. In: *Review of Political Economy* 11(1), S. 5-18.

Forstater, Mathew (2000): Adolph Lowe on Freedom, Education and Socialization. In: *Review of Social Economy.* Vol. LVIII, No. 2 (June), S. 225-239.

Forstater, Mathew (2004): *Visions and Scenarios: Heilbroner's Worldly Philosophy, Lowe's Political Economics, and the Methodology of Ecological Economics*. Levy Economics Institute Working Paper No. 413 (October). Available at: https://papers.ssrn.com/sol3/papers.cfm?abstract_id=614121 (Stand: 15. Mai 2023).

Friedman, Milton (1953): The Methodology of Positive Economics. In: *Essays in Positive Economics.* Chicago: The University of Chicago, S. 3-43.

Galbraith, John Kenneth (1999): *The Affluent Society*. First published in the USA 1958. London et al.: Penguin Books.

Garvy, George (1976): Keynesianer vor Keynes. In: *Der Keynesianismus II. Die beschäftigungspolitische Diskussion vor Keynes in Deutschland.* Hrsg. v. G. Bombach. Berlin/Heidelberg/New York: Springer-Verlag, S. 21-34.

Goethe, Johann Wolfgang (1958): Aus den Xenien von Schiller und Goethe. In: *Gesammelte Werke in sieben Bänden.* Herausgegeben von Bernt von Heiseler. Erster Band, Gedichte. Detmold: C. Bertelsmann Verlag, S. 224-233.

Greffrath, Mathias (1989): Die Hoffnung auf kleine Katastrophen. Gespräch mit Adolph Lowe. In: *Die Zerstörung der Zukunft. Gespräche mit emigrierten Sozialwissenschaftlern.* Hrsg. v. ders. Ersterscheinung: 1979. New York: Campus Verlag, S. 137-186.

Greffrath, Mathias (1997): Das Chaos bannen. Erstmals ist eine Biographie des Ökonomen Adolph Lowe erschienen. In: *Die Zeit*, Nr. 8, S. 28. Verfügbar unter: https://www.zeit.de/1997/08/Das_Chaos_bannen (Stand: 15. Mai 2023).

Habeck, Robert (2020): Ein politischer Imperativ. Nachwort. In: Jonas, Hans: *Das Prinzip Verantwortung. Versuch einer Ethik für die technologische Zivilisation.* Erste Auflage. Berlin: Suhrkamp, S. 401-418.

Hagemann, Harald (1983): Das Dilemma der Freiheit. In: *Die Zeit*, Nr. 10 (4. März), S. 2. Verfügbar unter: https://www.zeit.de/1983/10/das-dilemma-der-freiheit (Stand: 15. Mai 2023).

Hagemann, Harald (1984): Laudatio zur Verleihung der Ehrendoktorwürde an Prof. Dr. Adolph Lowe. In: *Beschäftigung, Verteilung und Konjunktur. Zur Politischen Ökonomik der modernen Gesellschaft. Festschrift für Adolph Lowe.* Bremen, S. 17-25.

Hagemann, Harald (1996): Geld, Technischer Fortschritt und Konjunktur. Zur Debatte zwischen Löwe und Hayek. In: *Franz Oppenheimer und Adolph Lowe. Zwei Wirtschaftswissenschaftler der Frankfurter Universität.* Hrsg. v. Volker Caspari und Bertram Schefold. Marburg: Metropolis-Verlag.

Hagemann, Harald (1997a): Zerstörung eines innovativen Forschungszentrums und Emigrationsgewinn. Zur Rolle der ‚Kieler Schule' 1926-1933 und ihrer Wirkung im Exil. In: *Zur deutschsprachigen wirtschaftswissenschaftlichen Emigration nach 1933.* Hrsg. v. ders. Marburg: Metropolis-Verlag, S. 293-341.

Hagemann, Harald (1997b): Adolph Lowe (1893-1995). In: *Meinetwegen ist die Welt erschaffen. Das intellektuelle Vermächtnis des deutschsprachigen Judentums. 58 Portraits.* Hrsg. v. Hans Erler, Ernst Ludwig Ehrlich, Ludger Heid. Frankfurt/New York: Campus Verlag, S. 420-425.

Hagemann, Harald (1999): Lowe, Adolph. In: *Biographisches Handbuch der deutschsprachigen wirtschaftswissenschaftlichen Emigration nach 1933.* Hrsg. v. ders. und Claus-Dieter Krohn. Band 2. München: K. G. Saur, S. 390-399.

Hagemann, Harald (2008): Weltklasse für sieben Jahre: Die Konjunkturabteilung des Instituts der Weltwirtschaft 1926-1933. In: *Christiana Albertina. Forschungen und Berichte aus der Christian-Albrechts-Universität zu Kiel.* Hrsg. v. Präsidium der Christian-Albrechts-Universität zu Kiel. Heft 67/November, S. 52-69.

Hagemann, Harald (2016): Adolph Lowe (1893-1995). In: *Handbook on the history of economic analysis. Volume 1: Great economists since Petty and Boisguilbert.* Hrsg. v. Gilbert Faccarello und Heinz D. Kurz. Cheltenham (UK)/Northampton (MA, USA): Edward Elgar Publishing, S. 514-517.

Hagemann, Harald (2021): *Das Prinzip Verantwortung: Adolph Lowes Politische Ökonomik.* Rezension zu Fenja Wiechel-Kramüller (2021): Adolph Lowe als Wirtschaftsphilosoph. Von der Kieler Schule zur Politischen Ökonomik, Kiel/Hamburg: Wachholtz Verlag. In: *Zeitschrift für Wirtschafts- und Unternehmensethik (zfwu)* 22/3, S. 492-496.

Heidbrink, Ludger / Lorch, Alexander / Rauen, Verena (2019): *Wirtschaftsphilosophie zur Einführung*. Hamburg: Junius Verlag.

Heidbrink, Ludger / Lorch, Alexander / Rauen, Verena (Hrsg.) (2021): *Handbuch Wirtschaftsphilosophie III: Praktische Wirtschaftsphilosophie.* Wiesbaden: Springer.

Heilbroner, Robert (1950): *What Goes Up the Chimney.* Harper's.

Heilbroner, Robert L. (Hrsg.) (1969): *Economic means and social ends. Essays in Political Economics.* Englewood Cliffs, New Jersey: Prentice-Hall.

Heilbroner, Robert L. (1969): Introduction. In: *Economic means and social ends. Essays in Political Economics.* Hrsg. v. ders. Englewood Cliffs, New Jersey: Prentice-Hall, S. vii-ix.

Heilbroner, Robert (1973): Ecological Armageddon. In: *From conservation to ecology: The development of environmental concern.* Hrsg. v. Carroll Pursell. New York: Crowell, S. 106-115.

Heilbroner, Robert L. (1974): *An Inquiry into the Human Prospect.* New York: W. W. Norton and Co.

Heilbroner, Robert L. (1978): Portrait. Adolph Lowe. In: *Challenge.* Vol. 21. Issue 4. Sept-Oct, S. 66-67.

Heimann, Eduard (1949): *Geschichte der volkswirtschaftlichen Lehrmeinungen. Eine Einführung in die nationalökonomische Theorie.* Dt. Übersetzung von Stephan Skalweit. Originaltitel: *History of Economic Doctrines. An Introduction to Economic Theory.* Frankfurt am Main: Vittorio Klostermann.

Herzog, Lisa (2018): *Freiheit gehört nicht nur den Reichen – Plädoyer für einen zeitgemäßen Liberalismus.* 2. Auflage. München: Verlag C.H. Beck.

Heuser, Uwe Jean (2022): „Jeder Mensch hat die Wahl". Interview mit Dennis Meadows. In: *Die Zeit*, Nr. 21 (6. Oktober), S. 31. Verfügbar unter: https://www.zeit.de/2022/41/dennis-meadows-wirtschaftswachstum-klimakrise (Stand: 15. Mai 2022).

Hochstätter, Matthias (2008): *Karl Schiller. Eine wirtschaftspolitische Biografie.* Saarbrücken: VDM Verlag Dr. Müller.

Holub, Hans Werner (2010): Adolph Lowe (vormals: Adolf Löwe) (1893-1995). In: *Eine Einführung in die Geschichte des ökonomischen Denkens.* Band IV, Teil 2: Die Ökonomik des 19. Jahrhunderts ohne Sozialisten. Einführungen. Wirtschaft. Band 15. Wien: Lit Verlag, S. 344-358.

Horkheimer, Max (1995): *Gesammelte Schriften. Briefwechsel 1937-1940.* Band 16. Hrsg. v. Gunzelin Schmid Noerr. Ungekürzte Ausgabe. Frankfurt am Main: Fischer Taschenbuch Verlag.

Horkheimer, Max (1996): *Gesammelte Schriften. Briefwechsel 1941-1948.* Band 17. Hrsg. v. Gunzelin Schmid Noerr. Ungekürzte Ausgabe. Frankfurt am Main: Fischer Taschenbuch Verlag.

Huber, Joseph: Nachhaltige Entwicklung durch Suffizienz, Effizienz und Konsistenz. In: *Nachhaltigkeit in naturwissenschaftlicher und sozialwissenschaftlicher Perspektive.* Hrsg. v. Peter Fritz, Joseph Huber, Hans Wolfgang Levi. Stuttgart: Wiss. Verlagsgesellschaft, S. 31-46.

Jonas, Hans (1969): Economic Knowledge and the Critique of Goals. In: *Economic means and social ends. Essays in Political Economics.* Hrsg. v. Robert L. Heilbroner. Englewood Cliffs, New Jersey: Prentice-Hall, S. 67-87.

Jonas, Hans (1974): Socio-Economic Knowledge and Ignorance of Goals. In: *Philosophical Essays. From Ancient Creed to Technological Man.* Chicago/London: The University of Chicago Press, S. 81-104.

Jonas, Hans (1992): Zur ontologischen Grundlegung einer Zukunftsethik. In: ders.: *Philosophische Untersuchungen und metaphysische Vermutungen.* Frankfurt a. M./Leipzig: Insel-Verlag, S. 128-146.

Jonas, Hans (2020): *Das Prinzip Verantwortung. Versuch einer Ethik für die technologische Zivilisation.* Erste Auflage. (Erste Ausgabe 1979. Frankfurt am Main: Insel Verlag.) Berlin: Suhrkamp.

Keynes, John Maynard (2013): *A Tract on Monetary Reform.* The collected Writings of John Maynard Keynes. Volume IV. The Royal Economic Society. Cambridge et al.: Cambridge University Press.

Keynes, John Maynard (2018): *The General Theory of Employment, Interest and Money.* Cambridge, Cambridgeshire, UK: Palgrave Macmillan.

Klaue, Markus (2018): Planwirtschaft. Adolph Lowe und Max Horkheimer im Streit über die verwaltete Welt. In: *Historische Erfahrung und begriffliche Transformation. Deutschsprachige Philosophie im Exil in den USA 1933 – 1949. Emigration – Exil – Kontinuität. Schriften zur zeitgeschichtlichen Kultur- und Wissenschaftsforschung.* Hrsg. v. Friedrich Stadler. Band 16. Wien: Lit Verlag, S. 158-178.

Könke, Günter (1990): Planwirtschaft oder Marktwirtschaft? Ordnungspolitische Vorstellungen sozialdemokratischer Nationalökonomen in der Weimarer Republik. In: *Vierteljahrschrift Sozial- und Wirtschaftsgeschichte (VSWG).* 77. Band, Heft 4. Stuttgart: Franz Steiner Verlag Wiesbaden GmbH, S. 457-487.

Koopmans, Tjalling Charles (1957): *Three Essays on the State of Economic Science.* New York/Toronto/London: McGraw-Hill Book Company.

Krohn, Claus-Dieter (1981): *Wirtschaftstheorien als politische Interessen. Die akademische Nationalökonomie in Deutschland 1918 – 1933.* Band 226. Frankfurt/New York: Campus-Verlag.

Krohn, Claus-Dieter (1984): Gegen den Dogmatismus in den Wirtschafts- und Sozialwissenschaften. In: *Beschäftigung, Verteilung und Konjunktur. Zur Politischen Ökonomik der modernen Gesellschaft. Festschrift für Adolph Lowe.* Bremen, S. 37-67.

Krohn, Claus-Dieter (1985): Die Krise der Wirtschaftswissenschaft in Deutschland im Vorfeld des Nationalsozialismus. In: *Leviathan. Zeitschrift für Sozialwissenschaft.* Hrsg. v. Ulrich Albrecht et al., Nr. 3, S. 311-333.

Krohn, Claus-Dieter (1995): Adolph Lowes Resümee eines Lebenswerks. In: *Gesellschaft für Exilforschung.* Nachrichtenbrief 1984 bis 1993 mit Gesamtregister. Band 3. Nr. 12-15 (XII-XV) 1990-1993. Redaktion Ernst Loewy. Nachrichtenbrief Nr. 12/Dezember 1990. München (u.a.): K. G. Saur, S. 50-54.

Krohn, Claus-Dieter (1996a): *Der Philosophische Ökonom. Zur intellektuellen Biographie Adolph Lowe.* Marburg: Metropolis-Verlag.

Krohn, Claus-Dieter (1996b): Der ‚soziologische Blick' auf Erziehung. Adolph Lowes Schriften über Bildungsfragen und Universitätsreform. In: *Franz Oppenheimer und Adolph Lowe. Zwei Wirtschaftswissenschaftler der Frankfurter Universität.* Hrsg. v. Volker Caspari und Bertram Schefold. Marburg: Metropolis-Verlag, S. 225-249.

Krohn, Claus-Dieter (1997a): Vertreibung und Akkulturation deutscher Wirtschaftswissenschaftler nach 1933 am Beispiel Adolph Lowes und der ‚University in Exile' an der New School for Social Research in New York. In: *Exodus aus Nazideutschland und die Folgen. Jüdische Wissenschaftler im Exil.* Hrsg. v. Marianne Hassler und Jürgen Wertheimer. Tübingen: Attempto Verlag, S. 209-227.

Krohn, Claus-Dieter (1997b): Entlassung und Emigration deutschsprachiger Wirtschaftswissenschaftler nach 1933. In: *Zur deutschsprachigen wirtschaftswissenschaftlichen Emigration nach 1933.* Hrsg. v. Harald Hagemann. Marburg: Metropolis-Verlag, S. 37-62.

Krohn, Claus-Dieter (2006): *Lowe, Adolph.* In: Deutsche Biographische Enzyklopädie (DBE). 2., überarbeitete und erweiterte Ausgabe. Hrsg. v. Rudolf Vierhaus. Band 6. München: K. G. Saur, S. 572 f.

Kulla, Bernd (1996): *Die Anfänge der empirischen Konjunkturforschung in Deutschland 1925-1933.* Volkswirtschaftliche Schriften (Heft 464). Berlin: Duncker & Humblot.

Ladwig, Michael (2016): *Ludwig von Mises. Ein Lexikon.* München: Finanz-Buch Verlag.

Löwe, Adolf (1925): Der gegenwärtige Stand der Konjunkturforschung in Deutschland. In: *Die Wirtschaftswissenschaft nach dem Kriege. Festgabe für Lujo Brentano zum 80. Geburtstag.* Hrsg. v. Moritz Julius Bonn und Melchior Palyi. Band 2. München/Leipzig: Duncker & Humblot, S. 329-377.

Löwe, Adolf (1926): Wie ist Konjunkturtheorie überhaupt möglich? In: *Wirtschaftliches Archiv. Zeitschrift des Instituts für Weltwirtschaft und Seeverkehr an der Universität Kiel.* Hrsg. v. Bernhard Harms. 24. Band. Jena: Verlag von Gustav Fischer, S. 165-197.

Löwe, Adolph (1931/32): Das gegenwärtige Bildungsproblem der deutschen Universität, in: *Die Erziehung* (7), S. 1-19.

Löwe, Adolf (1937): *The Price of Liberty. A German on Contemporary Britain.* Published by Leonard and Virginia Woolf. Day to Day Pamphlets, No. 36. Letchworth: The Hogarth Press.

Löwe, Adolf (1947): Freiheit ist nicht umsonst zu haben. Auszüge aus: The Price of Liberty. In: *Neue Auslese.* Hrsg. vom Alliierten Informationsdienst, Jg. 2, Heft 4, S. 1-9.

Lowe, Adolph (1967a): Die normative Wurzel des wirtschaftlichen Wertes. In: *Interdependenzen von Politik und Wirtschaft.* Beiträge zur Politischen Wirtschaftslehre. Festgabe für Gert von Eynern. Hrsg. v. Carl Böhret und Dieter Grosser. Berlin: Duncker & Humblot 1967, S. 135-143.

Lowe, Adolph (1967b): The Normative Roots of Economic Values. In: *Human Values and Economic Policy. A Symposium.* Hrsg. v. Sidney Hook. New York: New York University Press, S. 177-178.

Lowe, Adolph (1965): *Politische Ökonomik.* Amerikanischer Originaltitel „On Economic Knowledge" (Harper & Row, Publishers, New York). Ins Deutsche übertragen von H. Wilhelm. Frankfurt am Main: Europäische Verlagsanstalt.

Lowe, Adolph (1969a): Toward a Science of Political Economics. In: *Economic means and social ends. Essays in Political Economics.* Hrsg. v. Robert L. Heilbroner. Englewood Cliffs, New Jersey: Prentice-Hall, S. 1-36.

Lowe, Adolph (1969b): Economic Means and Social Ends: A Rejoinder. In: *Economic means and social ends. Essays in Political Economics.* Hrsg. v. Robert L. Heilbroner. Englewood Cliffs, New Jersey: Prentice-Hall, S. 167-199.

Lowe, Adolph (1971): Is Present-Day Higher Learning „Relevant"? In: *Social Research,* Vol. 38, No. 3 (Autumn). Published by New School, S. 563-580.

Lowe, Adolph (1976): *The Path of Economic Growth.* Cambridge: Cambridge Univ. Press.

Lowe, Adolph (1984a): *Politische Ökonomik. On Economic Knowledge.* Neu herausgegeben von Harald Hagemann. Neuausgabe. Nach der amerikanischen Originalausgabe von 1965 unter dem Titel *On Economic Knowledge. Toward a Science of Political Economics.* Königstein/Ts.: Athenäum.

Lowe, Adolph (1984b): Zur Ortsbestimmung der Gegenwart. In: *Beschäftigung, Verteilung und Konjunktur. Zur Politischen Ökonomik der modernen Gesellschaft. Festschrift für Adolph Lowe.* Hrsg. v. Harald Hagemann u. Heinz D. Kurz. Bremen: Univ., Presse- u. Informationsamt, S. 26-33.

Lowe, Adolph (1988): *Has Freedom a Future?* Books in the Convergence Series (9). New York: Praeger Publishers.

Lowe, Adolph (1989): Konjunkturtheorie in Deutschland in den Zwanziger Jahren. Auf Band gesprochenes Referat, aufgezeichnet von Bertram Schefold. In: *Schriften des Vereins für Socialpolitik. Gesellschaft für Wirtschafts- und Sozialwissenschaften.* Hrsg. v. Bertram Schefold. Neue Folge Band 115/VIII, S. 75-86.

Lowe, Adolph (1990): *Hat Freiheit eine Zukunft.* Übersetzt nach der Praeger Publishers-Ausgabe von *Has Freedom a Future?* von Adolph Lowe, 1988 als Band 9 der Reihe *Convergence* veröffentlicht in den USA. Marburg: Metropolis-Verlag.

Löwe, Adolf (2003): *Economics and Sociology. A Plea for Co-Operation in the Social Sciences.* First published in 1935. Abington, Oxon/New York, NY: Routledge.

Lowe, Adolph (Adolf Löwe) (2016): Rückblick auf meine verkürzte Mitgliedschaft in der fünften Fakultät. In: *Wirtschaft- und Sozialwissenschaftler in Frankfurt am Main.* Erweiterte Ausgabe. Hrsg. v. Bertram Schefold. Marburg: Metropolis-Verlag, S. 112-113.

Machlup, Fritz (1960): Operational Concepts and Mental Constructs in Model and Theory Formation. *Giornale degli Economisti e Annali di Economia*, Sept-Oct, S. 553-583. In: *Methodology of Economics and other Social Science.* New York/San Francisco/London: Academic Press 1978, S. 159-188.

Machlup, Fritz (1969): Positive and Normative Economics: An Analysis of the Ideas. In: *Economic means and social ends. Essays in Political Economics.* Hrsg. v. Robert L. Heilbroner. Englewood Cliffs, New Jersey: Prentice-Hall, S. 99-129.

Marshall, Alfred (1922): *Principles of Economics. An introductory volume.* Eighth edition. London: Macmillan and Co.

Matussek, Matthias / Kaden, Wolfgang (1992): „Dem bösen Ende näher". *Spiegel*-Gespräch mit dem Technik-Philosophen Hans Jonas über den Umgang der Menschheit mit der Natur. In: *Der Spiegel,* Nr. 20, S. 92-107.

Nielsen-Sikora, Jürgen (2017): *Hans Jonas. Für Freiheit und Verantwortung.* Darmstadt: WBG - Wissenschaftliche Buchgesellschaft.

Nielsen-Sikora, Jürgen (2021): Philosophical Essays. From Ancient Creed to Technological Man (1974). In: *Hans Jonas-Handbuch: Leben - Werk - Wirkung*, hrsg. v. Michael Bongardt, Holger Burckhart, John-Stewart Gordon, Jürgen Nielsen-Sikora. Berlin/Heidelberg: J. B. Metzler, S. 117-118.

Oakley, Allen (1987): Introduction. Adolph Lowe's Contribution to the Development of a Political Economics. In: Adolph Lowe: *Essays in Political Economics. Public Control in a Democratic Society.* Hrsg. u. eingel. v. Allen Oakley. Wheatsheaf Books, S. 1-24.

Ortlieb, Heinz-Dietrich (1971): Lowe, Adolph. Politische Ökonomik. Besprechung. In: *Zeitschrift für die gesamte Staatswissenschaft* 127, Heft 2, Mai, S. 354-357.

Pollock, Friedrich (1967): Lowe, Adolph. On Economic Knowledge. Besprechung. In: *Kyklos. International Zeitschrift für Sozialwissenschaften.* Vol. XX, S. 563-567.

Robson, William A. (1976): *Welfare State and Welfare Society. Illusion and Reality.* London: George Allen & Unwin.

Röttgers, Kurt (2004): Wirtschaftsphilosophie – Die erweiterte Perspektive. In: *Zeitschrift für Wirtschafts- und Unternehmensethik (zfwu)* 5/2, S. 114-133.

Russell, Bertrand (1968): *Autobiography of Bertrand Russell.* Vol. II. London: George Allen & Unwin.

Rutkoff, Peter M. / Scott, William B. (1986): *New School. A History of The New School for Social Research.* New York: The Free Press.

Schefold, Bertram (1989): Die Selbstzerstörung der Gesellschaft aufhalten. Der Ökonom Adolph Lowe zieht Bilanz und analysiert die Gegenwart. In: *Die Zeit*, Nr. 6 (3. Februar). Verfügbar unter: https://www.zeit.de/1989/06/die-selbstzerstoerung-der-gesellschaft-aufhalten (Stand: 15. Mai 2023).

Schefold, Bertram (1998a): Nachruf auf Adolph Lowe. In: *Sitzungsberichte der wissenschaftlichen Gesellschaft an der Johann-Wolfgang-Goethe-Universität Frankfurt am Main.* Band XXXVI. Nr. 1. Stuttgart: Franz Steiner Verlag, S. 363-370.

Schefold, Bertram (1998b): Spontaneous Conformity in History. In: Political Economics in Retrospect. Essays in Memory of Adolph Lowe. Hrsg. v. Harald Hagemann und Heinz D. Kurz. Cheltenham (UK)/Northampton (MA, USA): Edward Elgar, S. 235-256.

Scheler, Max (1923): Der Geist und die ideellen Grundlagen der Demokratien der großen Nationen. In: Ders.: *Nation und Weltanschauung*. II. Band. Schriften zur Soziologie und Weltanschauungslehre. Leipzig: Deutscher Neuer Geist Verlag, S. 66-116.

Schiller, Friedrich (1957): Die Weltweisen. Die Taten der Philosophen (1795). In: *Gesammelte Werke in fünf Bänden.* Hrsg. v. Reinholf Netolitzky. Dritter Band. Dramatische Dichtung III. Gedichte. Eschwege: C. Bertelsmann Verlag, S. 424-425.

Schumpeter, Joseph A. (1965): Geschichte der ökonomischen Analyse. Erster und Zweiter Teilband. In: *Grundriss der Sozialwissenschaft.* Band 6. Göttingen: Vandenhoeck & Ruprecht.

Schwarz, Gerhard (2022): Wörter sind nie unschuldig: Alternativen für den Begriff ‚Kapitalismus' sind gefragt. Kolumne. In: *Neue Züricher Zeitung*, 14.06.22. Verfügbar unter: https://www.nzz.ch/wirtschaft/gerhard-schwarz-alternativen-zum-begriff-kapitalismus-ld.1688621 (15. Mai 2023).

Seele, Peter (2018): Wirtschaftsphilosophie Quo vadis. Überlegungen zur systematischen Vermessung der deutschsprachigen Wirtschaftsphilosophie. In: *Zeitschrift für Wirtschafts- und Unternehmensethik (zfwu)* 19/2, S. 156-170.

Simmel, Georg (2012): *Kolleghefte und Mitschriften.* Band 21. Hrsg. v. Angela Rammstedt und Cécile Rol. Berlin: Suhrkamp.

Smith, Adam (2013): *Der Wohlstand der Nationen. Eine Untersuchung seiner Natur und seiner Ursachen.* Hrsg. v. Horst Claus Recktenwald. 13. Auflage. München: Taschenbuch Verlag.

Stigler, George J. (1952): *The Theory of Price.* New York: Macmillan.

Take, Gunnar (2019): *Forschen für den Wirtschaftskrieg: das Kieler Institut für Weltwirtschaft im Nationalsozialismus.* Berlin: De Gruyter Oldenbourg.

Thaler, Richard H. / Sunstein, Cass R. (2009): *Nudge: Wie man kluge Entscheidungen anstößt.* Berlin: Econ.

Thunberg, Greta (2022): *Das Klimabuch.* Aus dem Englischen von Michael Bischoff und Ulrike Bischoff. Deutsche Erstausgabe. Frankfurt am Main: S. Fischer Verlag.

Tocqueville, Alexis de (1935): *Über die Demokratie in Amerika.* Erster und Zweiter Teil. Aus dem Französischen neu übertragen von Hans Zbinden. Zürich: Manesse Verlag.

Torkington, Simon (2023): *We're on the brink of a ‚polycrisis' – how worried should we be?* World Economic Forum, 13. January. Verfügbar unter: https://www.weforum.org/agenda/2023/01/polycrisis-global-risks-report-cost-of-living/ (Stand: 15. Mai 2023).

Uchatius, Wolfgang (2009): Zusammen leben. Adolph Lowe. In: *Die Zeit.* Nr. 47. Verfügbar unter: http://www.zeit.de/2009/47/Vorbilder-Loewe (Stand: 15. Mai 2023).

Vickers, Jeanne (1991): *Rethinking the Future. The Correspondence between Geoffrey Vickers and Adolph Lowe.* New Brunswick (USA)/London (UK): Transaction Publishers.

Walras, Léon (1900): *Éléments d'Économie politique pure ou théorie de la richesse sociale*. Quatrième Édition. Lausanne/Paris: Rouge/Pichon.

Wiechel-Kramüller, Fenja (2021): *Adolph Lowe als Wirtschaftsphilosoph. Von der Kieler Schule zur Politischen Ökonomik.* In: Kieler Schriften zur Wirtschaftsphilosophie herausgegeben vom Kiel Center for Philosophy, Politics and Economics der Universität Kiel. Kiel/Hamburg: Wachholtz Verlag.

Wiggershaus, Rolf (1991): *Die Frankfurter Schule. Geschichte. Theoretische Entwicklung. Politische Bedeutung.* 3. Auflage. München/Wien: Carl Hanser Verlag.

Zimmermann, Rainer E. (2021): Bloch. In: *Hans Jonas-Handbuch: Leben – Werk – Wirkung*. Hrsg. v. Michael Bongardt, Holger Burckhart, John-Stewart Gordon und Jürgen Nielsen-Sikora. Berlin/Heidelberg: J. B. Metzler, S. 35-39.

Zinn, Karl (1986): Adolph Lowe – Theoretiker des organisierten Kapitalismus. In: *Wirtschaft und Gesellschaft*. 19. Jahrgang, Heft 1, S. 107-112.

Unveröffentlichtes Archivmaterial:

Lowe, Adolph (1966): Letter to Hans Jonas, July 11-21; July 29 – Aug 4. 52 pages + 1. Unpublished Manuscript. In: Nachlass Adolph Lowe. State University of New York at Albany (SUNYA). Adolph Lowe Papers, 1915-1996 (Box 3, Folder 47) Digitalisiert online verfügbar: https://archives.albany.edu/concern/daos/kd17db53n?locale=en (Stand: 15. Mai 2023).

Lowe, Adolph (1977): Brief an Hans Jonas, August 13; 1 Seite. Unveröffentlichtes Manuskript. In: Philosophisches Archiv der Universität Konstanz. Hans Jonas-Sammlung. Briefwechsel Hans Jonas – Adolf Lowe. HJ 4-3-19. (Anfrage vom 24. Juli 2021).

Lowe, Adolph (1986): Brief an Hans Jonas, Spring 1986; 1 Seite. Unveröffentlichtes Manuskript. In: Nachlass Adolph Lowe. State University of New York at Albany (SUNYA). Adolph Lowe Papers, 1915-1996 (Box 3, Folder 47), Jonas, Hans 1943-1989, Digitalisiert online verfügbar: https://archives.albany.edu/concern/daos/s4656085q (PDF, S. 53) (Stand: 15. Mai 2023).

Lowe, Adolph (1986): Brief an Hans Jonas, 8. Dez. (?) 1986; 1 Seite. Unveröffentlichtes Manuskript. In: Nachlass Adolph Lowe. State University of New York at Albany (SUNYA). Adolph Lowe Papers, 1915-1996 (Box 3, Folder 47), Jonas, Hans 1943-1989, Digitalisiert online verfügbar: https://archives.albany.edu/concern/daos/s4656085q (PDF, S. 65) (Stand: 15. Mai 2023).